마음이 아파도
　　아프다고
　　말할 수 있는 세상

*It is ok to tell you have a mental illness*

by An Byongeun

Published by Hangilsa Publishing Co., Ltd. Korea, 2020

공감하고 위로해주는 공동체

# 마음이 아파도
# 아프다고
# 말할 수 있는 세상

정신과의사
안병은
에세이

한길사

## 차례

마음껏 마음을 아파할 수 있는 세상을 꿈꾸다     7
· 책을 내면서

*1* 누구를 위한 입원일까     43

*2* 신성한 질환에 대하여     69

*3* 불편한 존재를 위해 마련된 자리     81

*4* 광폭한 치료가 남긴 상흔을 기억하라     95

*5* 환청, 진짜 목소리를 듣다     121

*6* 조현병의 난亂     145

*7* 인간은 자신을 돌볼 수 있는 힘이 있다     163

*8* 미친 사람이 미쳤다고 하는 나라가 있다      187

*9* 함께 살기 위해 준비해야 할 일곱 가지      205

*10* 삶의 거처에서 여럿이 함께 돌보다      229

*11* 자유가 치료다      247

*12* 우리가 함께라면 할 수 있다      267

*13* 공동체, 마음이 아픈 사람들을 품다      291

*14* 행복 농사를 짓다      305

*15* 더불어 살아가는 '우리동네'를 꿈꾸다      325


실천적 연대를 위한 시간      349
·추천하는 글

**일러두기**

1   외래어 표기는 국립국어원 규정에 따랐다.
    다만 이탈리아 사람인 Franco Basaglia의 경우 이탈리아어 현지 발음과 출간
    되어 있는 책들의 용례를 따라 '프랑코 바잘리아'라고 표기했다.

2   단행본이나 신문은 『 』로, 영화나 기사 제목 등은 「 」로 썼다.

3   선생님과 환자가 상담한 부분을 재구성한 곳은 들여쓰기 해 구분했다.

# 마음껏 마음을 아파할 수 있는
# 세상을 꿈꾸다

· 책을 내면서

## 일곱 가지 질문과 세 가지 고민

**질문 하나**  **당신은 병을 앓게 될 운명입니다. 그러나 당신이 앓게 될 질환을 선택할 수 있다면 신체질환과 정신질환 가운데 어떤 질환을 선택하시겠습니까?**

나는 강의를 하면서 이런 질문을 자주 던진다. 대다수 청중은 신체질환을 선택하겠다고 답한다. 하지만 신체질환의 범위는 너무 넓다. 감기 같은 가벼운 질환이 아닌 구체적으로 모든 사람이 가장 두려워하는 암이라면 어떤 선택을 할까. 당신이라면 중증 정신질환인 조현병과 중증 신체질환인 암 가운데 어떤 질환을 선택할 것인가. 사람들은 두 가지 질환 가운데 어떤 게 더 나을지, 또는 그나마 덜 나쁠지 고민한다. 선택을 머뭇거리다가 어느 정도 치료될 가능성이 있는 암이라면 암을 선택하겠다고 말하는 사람도 있다. 5년 정도밖에 살 수 없는 암이라고 한다면 더 고민하겠지만 아무래도 조현병보다는 암을 선택하겠다는 사람이 더 많다.

당연히 아프기를 원하는 사람은 없다. 하지만 사람들은 정신질환*이라면 더더욱 피하고 싶어 한다. 한 정신과의사에게도 동일한 질문을 했다. 그는 한참을 머뭇거리더니 치료를 잘 받으면 조현병에 걸려도 잘 살아갈 수 있음을 직접 보여주고 싶다면서 조현병을 선택했다. 그렇다면 이미 중증 정신질환을 앓고 있는 분들의 생각은 어떨까? 그들은 조현병 대신 암을 선택할까?

**질문 둘** '정신과' 또는 '정신질환'이라는 단어를 들었을 때 어떤 생각이 드나요?

'정신과'나 '정신질환'이라는 말을 들으면 왠지 모를

---

* 정신질환은 정신과에서 의학적으로 진료하는 모든 질환을 말한다. 조현병, 공황장애, ADHD, 주요우울장애(우울증) 등이 있다. 하지만 2017년 개정된 정신건강복지법에서는 정신질환을 망상이나 환각을 겪고 있고, 사고나 기분의 장애로 독립적인 일상생활을 영위하는 데 중대한 제약이 있는 상태로 정의했다. 개정 전과 달리 정신질환을 법적으로 현실 검증력이 손상된 중증 정신질환으로 축소해 정의한 것이다.

거부감이 느껴진다. 아마 당신도 예외는 아닐 것이다. 어느 날 아는 사람이 조심스레 정신과에 다닌다고 '고백'한다면 자신도 모르게 움츠러들 것이다. 물론 지금은 정신과에 대한 거부감이 많이 줄었다. 정신적인 어려움이 있는 사람에게 정신과 치료를 권유하는 모습은 전보다 자연스러워졌다.

그러나 정신과나 정신질환이 나와 관련되어 있을 때는 얘기가 달라진다. 다른 사람에게는 정신과 치료를 권유할 수 있어도 막상 누군가가 나에게 정신과에 가보라는 말을 했을 때는 큰 거부감을 느낀다. 정신과의사인 나도 마찬가지다. 누군가가 나의 자녀에게 정신과에 가봐야 한다고 말한다면 마음이 많이 불편할 것이다. 단순히 불행한 병을 앓고 있을지도 모른다는 불안이나 병원 자체에 대한 거부감을 넘어서 정신과에는 정신과만의 특별한 두려움이 내포되어 있다. 마치 '이상한' 사람들이 방문하는 '이상한' 또는 알고 싶지 않은 장소라고 생각하는 듯하다. 내가 정신과 의원을 개업할 때도 사람들이 정신과라는 이름에서 느낄 반감 때문에 고민했고 결국 정신과라는 전공과목명은 의원 이름에 넣지 않았다.

정신과와 정신질환은 어쩌다 이런 '특별한' 거부감을 불러오게 되었을까.

**질문 셋** **청량리, 중곡동, 학하리, 언덕 위의 하얀 집, 뻐꾸기 둥지.**
**이 말들의 공통점은 무엇일까요?**

고등학교 때 대전역에서 기차를 타고 청량리역을 거쳐 강원도로 놀러 갔던 기억이 있다. 그래서 청량리라는 지명은 나에게 강원도 여행을 떠올리게 한다. 아마 많은 사람이 청량리라는 지명에서 지난 여행의 추억을 떠올릴 것이다. 하지만 전혀 다른 종류의 기억을 떠올리는 사람도 있을 것 같다. 청량리는 윤락의 대명사로 인식되기도 하며, 정신이 '이상한 사람들'이 가는 곳으로 기억되기도 한다.

청량리정신병원은 1945년 청량리뇌병원으로 문을 연 국내 최초의 사립 정신병원이다. 1980년에 청량리정신병원으로 이름을 바꾸었고 한때 500병상을 웃도는 규모로 운영되기도 했다. 2018년 운영상의 어려움으로 폐업했지만 몇몇 사람은 여전히 청량리를 정신병원이 있는 곳, 정신이 '이상한 사람들'이 가는 곳으로 기억한다.

지금은 국립정신건강센터로 바뀌었지만 국립서울병원

이 있던 중곡동도 마찬가지다. 중곡동 하면 다른 건 몰라도 정신병원이 있는 곳으로 통했다. 서울 사람들에게 청량리나 중곡동에 보내야 한다는 말은 정신병원에 가라는 뜻이었다. 용인정신병원이 있는 경기도 용인도 전국구로 정신병원을 가리키는 대명사처럼 통했다. 내가 살던 대전에서는 학하리가 그랬다. 학창 시절 친구들은 이상한 행동을 하는 애들을 학하리에 보내야겠다고 장난처럼 말하곤 했다.

지명 외에도 청량리정신병원에서 유래한 '언덕 위의 하얀 집'은 정신병원을 뜻하는 말이다. 외국에서는 속된 말로 미친 사람을 가리키는 '뻐꾸기'나 정신병원을 뜻하는 '뻐꾸기 둥지' 같은 말도 있다.

왜 정신병원을 이처럼 은밀한 용어로 불렀을까?

**질문 넷  정신병원은 입원하는 것일까요, 아니면 입원당하는 것일까요?**

우리는 어떤 심각한 질환을 앓게 되면 잠시 일상을 내려놓고 치료받기 위해 병원에 입원한다. 입원이 필요한 사람이 이를 무시하고 일하고 있다거나 입원이 싫다고 고집을 부리면, 우리는 그를 걱정하고 염려하는 마음에서 입원을 권유한다. 그렇지만 입원하지 않는다고 해서 그 사람을 강제로 입원시키지는 않는다. 오히려 그 사람의 뜻을 존중해 주기까지 한다. 대체로 신체질환은 입원'당하지' 않는다.

중증 정신질환의 경우에는 어떨까?

미친 사람이 미쳤다고 말할 리가 없다는 생각에 중증 정신질환자는 자신의 의사와 상관없이 입원당한다. 우리는 미친 사람은 '정상성' 범주 바깥에 있으며 우리의 안전을 위협할 수 있기에 보호자는 자신의 가족을 강제로 입원시켜야 한다는 생각을 공유한다. 또한, 자신을 해치거나 타인을 해칠 위험성이 큰 경우에는 보호자가 원치 않아도 행정력에 따라 입원당할 수 있다. 최근에는 환자의 자발적인 의사에 따른 입원이 우선시되지만 여전히 많은 사람이 자신의 의사와 상관없이 입원당하고, 일부는 강제입원을 피하기 위해 울며 겨자 먹기로 자의입원을 하기도 한다.

언제쯤 중증 정신질환자가 자신의 질환을 치료하기 위해 기꺼이 입원하게 될까?

질문 다섯 **우리는 왜 미친 사람들과 함께 살고 싶어 하지 않을까요?**

내가 사회적 기업 '우리동네'를 설립해 정신장애*를 앓고 있는 정신장애인분들과 함께 편의점을 운영할 때 상상

12

하던 모습이 있다. 당시 운영하던 편의점은 다세대 주택 건물 1층에 있었다. 정신질환을 앓고 있는 직원들이 위층에 거주하고 나는 건물 꼭대기에 사는 것을 꿈꿨다. 같은 건물에서 함께 살아가고 함께 일하는 모습을 상상한 것이다. 그때 첫째가 초등학교에 다니고 있었고 둘째가 막 태어났을 무렵이었다. 문득 내 자식들과 정신장애인분들이 한 건물에서 지내게 되겠다는 생각이 들었다. 나는 괜찮지만 가족들은 원치 않을지도 모른다는 생각이 들었고 마음이 편치 않았다.

뉴스에서 자신이 사는 지역에 정신병원이나 정신건강센터가 들어서는 것을 극렬하게 반대하는 모습을 자주 볼 수 있다. 그들은 플래카드를 걸고 피켓을 들며 정신건강과

---

* 정신장애는 두 가지 의미를 지니고 있다. 첫째, 정신장애(Mental Disorder)는 정신건강의학과에서 흔히 진료하는 일반 정신질환을 의미한다. 조현병, 우울증, 양극성 정동장애(조울증), 전반적 발달장애(자폐증), 공황장애, 수면장애, ADHD 등이 있다. 둘째, 정신장애(Mental Disability)는 치료를 해도 완치되지 않고 장기적인 치료와 관리를 요구하는 장애 상태를 의미한다. 지적장애, 자폐증, 조현병, 우울증, 조울증 등이 있으며 장애인복지법에 의해 장애등급을 산정할 수 있도록 되어 있다. 기본적으로 정신장애(Mental Disorder)가 정신장애(Mental Disability)를 포괄한다고 할 수 있다.

관련된 시설을 '혐오시설'로 여겨 반대한다. 그들은 정신 병원 때문에 지역의 이미지가 나빠지고 집값이 떨어지며 자신과 자녀가 위험해질 것이라고 말한다. 그들은 정신과 와 정신질환자에 대해 공포 반응을 일으킨다. 정신질환자 의 범죄율이 비질환자의 10분의 1도 되지 않는다는 통계 도 소용없다. 물론 모두가 이렇게 겉으로 거부감을 쏟아내 고 직접적으로 반대를 위한 행동을 하는 것은 아니다. 하 지만 중증 정신질환자를 밀어내려는 태도는 이미 우리 마 음속 깊은 곳에 자리 잡고 있는지도 모른다.

생각해보자. 당신 집 옆에 조현병 환자가 이사 오거나 조현병 환자를 위한 시설이 들어선다면 당신은 환영할 수 있는가? 환영까지는 아니더라도 반대하지 않을 수 있 는가?

**질문 여섯** **한국 사회에서 중증 정신질환자는 '사람대접'을 받고 있다고 생각하나요?**

누구나 환자가 될 수 있다. 환자患者는 말 그대로 병에 걸 린 사람, 치료받아야 할 사람이라는 뜻이다. 병에 걸리면 누구나 환자가 되지만 그들이 이전과 다른 '사람'이 되는 것은 아니다. 그저 병에 걸렸을 뿐이다.

중증 정신질환자는 어떨까. 조현병을 비롯한 다른 정신질환은 누구에게나 찾아올 수 있고 이들은 신체질환을 앓고 있는 사람과 똑같은 환자다. 하지만 이들을 부르는 정신과 환자라는 말에는 병에 걸려서 치료를 받아야 할 사람이라는 의미 이외에 또 다른 의미가 있다. 사람들은 이들을 환자로 여기지 않는다. 대신 욕설로써, 사회적 낙인으로써 정신병자라고 부른다. 정신질환자를 단순히 병에 걸려 치료받아야 할 존재로 여기지 않는다. 피해야 할 대상으로 삼는다.

정신질환을 앓고 있는 사람들에게는 병만 주어지는 게 아니라 정신병자라는 낙인까지 붙어 다닌다. 이 낙인은 정상과 비정상을 가르는 역할을 한다. 정신병*을 앓는 사람을 비정상으로 여겨 기피하는 것이다. 이는 그 사람의 의사와 상관없이 그를 격리하고 추방해도 된다는 주장을 정

---

* 정신병은 정신에 생기는 모든 병(Mental Disorder)을 뜻한다. 전문 의학 용어가 아니라 사회적으로 '이상행동 증상'을 보이는 여러 질환을 통칭한다. 하지만 대개 망상·환각 등 정신병적 증상 (Psychotic Symptom)을 동반한 중증 정신질환을 지칭하는 용어로 협소하게 사용한다.

당화한다.

우리 사회에서 중증 정신질환자는 사람대접을 받고 있을까?

**질문 일곱   당신이 만약 정신질환에 걸린다면 어떤 치료를 받고 싶나요?**

후배 정신과의사들이 종종 환자들을 어떻게 대해야 하고 어떻게 치료하는 것이 가장 좋은 방법이냐고 내게 묻는다. 그러면 난 서슴없이 답한다. 네가 그 병에 걸렸다고 생각해봐라. 그때 네가 받고 싶은 치료, 그게 바로 가장 좋은 치료다.

당신이 정신질환에 걸렸다고 생각해보자. 어떤 치료를 받고 싶은가? 그전에 정신질환에 걸린 사람을 우리는 어떻게 대하는가?

우리는 모두 환자가 되었던 경험이 있다. 그 경험은 대개 좋지 않은 기억으로 남는다. 나 또한 어렸을 때 엄마 손에 이끌려 치과에 갔던 기억이 아직도 두려움으로 남아 있다. 어린 나는 병원에 가기 전부터 잔뜩 겁에 질려 있었고 병원으로 향하는 길이 끝나지 않았으면 좋겠다고 생각했다. 이제는 중년의 나이가 되었지만 여전히 병원은 늘 두려운 곳이다.

환자가 되어 병원에 방문하는 것은 썩 내키지 않는다. 하지만 한편으로 환자가 되면 묘한 기분을 느끼기도 한다. 내가 의사여서 그런 건 아니다. 우리는 모두 환자라는 이름을 부여받았을 때 자신의 지위가 묘하게 달라지는 것을 안다. 누구나 환자가 되는 걸 싫어하면서도 환자의 지위를 이용해 책임이나 의무를 회피하고자 하는 마음이 있다. 흔한 예로 우리는 하고 싶지 않은 일을 거절하거나 지키고 싶지 않은 약속에 대한 핑계로 아프다는 말을 자주 사용한다.

탤컷 파슨스Talcott Parsons, 1902-79는 환자역할Sick Role을 처음으로 제시한 사회학자다. 그는 아픈 사람은 자신의 질환에 대한 아무런 책임이 없기 때문에 아프지 않았다면 수행해야 했을 특정 책임과 책무를 면제받고, 평상시였다면 예의 없는 사람으로 여겨질 행동도 이해받을 수 있다고 말한다. 아프기 때문에 가정이나 직장에서 일하지 않을 권리가 생긴다. 여기서 전문가의 소견은 질환을 확인해주고 이러한 환자역할을 타당하게 해준다.

그렇지만 환자는 환자이기 때문에 치료받기 위해 노력해야 한다. 그렇지 않을 경우 자신의 환자역할은 위험에 빠진다. 엘리엇 프라이드슨Eliot Freidson, 1923-2005은 이를 발전시켜 환자역할은 질환의 유형이나 병의 심각성에 따라 달라진다고 했다. 회복이 가능한 질환을 앓고 있는 사람은 '조건부 환자역할'에 해당하고, 불치병에 걸린 사람은 무조건적으로 정당성을 지니는 환자역할에 속한다. 후자가 전자보다 더 많은 특권을 지닌다.

반면 타인에게 경멸받는 질환을 앓는 사람은 정당성이 없는 환자역할을 부여받는다. 이 경우 병에 걸려 고통받지만 도리어 환자 자신이 병을 앓고 있는 것에 책임을 져야 한다. 중증 정신질환을 앓고 있는 사람은 자신이 병에 대한 원인이 되는, 정당성 없는 환자역할에 속한다. 환자는 환청과 망상 등의 증상으로 너무 힘든데도 스스로 병을 책임지고 감당해야 하며 타인의 멸시와 비판에도 직면해야 한다.

한 개인이 특정 질환을 기꺼이 인정하고 받아들이는 건 사회가 그 병을 어떻게 대하느냐에 달려 있다. 정신질환이 질환에 관한 모든 문제를 스스로 책임지고 감당해야 한다면, 더불어 정신질환을 앓고 있다고 고백하면 위로나 치료를 받기 전에 자신의 잘못이라는 비난과 멸시부터 받아야 한다면, 어느 누구도 자신의 병을 인정하거나 받아들이지 않을 것이다. 또 다른 문제는 이러한 정신질환이 일종의 형벌처럼, 치료는 일종의 벌칙처럼 받아들여진다는 것이다. 좋은 치료는 무엇일까? 우리는 정신질환을 앓고 있는 사람을 어떻게 대해야 하는가?

**고민 하나**　**정신과 치료는 어쩌다 벌칙이 되었을까?**

　자녀를 데리고 병원에 처음 방문하는 보호자는 진료실에 들어올 때 대부분 걱정과 근심이 가득한 얼굴을 하고 있다. 큰 문제라도 있으면 어쩌나 하는 불안을 안고 있는 게 얼굴에 그대로 나타난다. 간혹 스스로 원하지 않지만 병원에 오는 경우도 있다. 짜증 섞인 얼굴로 의심의 눈초리를 강하게 풍기며 들어오는 보호자가 있는데 이런 때는 대부분 학교나 교정기관을 통해 마지못해 정신과를 방문하게 된 경우다.

　아들을 데리고 나의 외래를 찾은 한 어머니가 기억난다. 어머니의 얼굴과 태도에서 '아이를 데리고 병원에 오기 싫었지만 어쩔 수 없었다'라는 모습이 나타났다. 역시나 아이는 학교를 통해 병원에 보내진 환자였다. 아이는 건강해 보였고 중학교 2학년이었다. 원치 않는 정신과 방문이지만 표정은 아주 밝아서 호감을 샀고, 얼굴에는 자신감이 가득 차 있었다. 이전부터 학교 규칙을 여러 번 위반한 나름 문제아였는데, 학교 측에서 병원 치료를 권유한 결정적인 사건은 학교에서 친구들과 짜장면을 시켜 먹은 일이었다. 아이는 휴대폰을 반납하지 않은 잘못은 인정했지만 외부 음식을 시켜 먹지 말라는 교칙은 없기 때문에 짜장면을 시켜 먹은 것이 잘못인지는 모르겠다고 했다.

흔히 말하는 '근자감'이 느껴졌다. 스스로에 대해 긍정적인 태도를 지니고 있었으며 유쾌했다. 행복감도 잘 표현했다. 또래의 다른 아이들보다 쾌활하고 자신감에 차 있었다. 학교 선생님들은 어쩌면 학생의 이런 근자감이 마음에 들지 않았을 거라는 생각이 들었다. 아이에게는 분명 문제행동으로 여겨질 부분이 있었고 스스로도 이를 인정했다.

그렇지만 문제행동을 곧바로 정신적 문제로 여기고 정신과 치료로 연결하려는 학교의 태도는 위험하다. 학교는 교칙 위반이나 전반적인 행동 문제를 전문적인 정신과 치료로 너무 간단히 해결하려 한다. 학교에서 해결되지 않거나 해결하기 어려운 문제, 어쩌면 해결하고 싶지 않은 문제를 의료기관의 힘을 빌려 '손쉽게' 다루려는 건 아닐까.

아이가 정신과 진단을 받고서 상담이나 약물 치료를 받는다고 전보다 더 잘 지낼 수 있을까. 질환을 덧씌워 치료한다고 아이가 더 나은 어른이 될까. 이런 아이들을 병원으로 많이 보내면, 나는 고객이 많아져 수입이 늘겠지만 쓸쓸한 마음이 든다. 아이가 자신의 문제로 불편함을 느끼고 나아지길 희망해서 자발적으로 찾아온다면 모르겠지만 부모나 아이 모두 원치 않는데 학교에서 보내 방문하는 경우는 영 개운치가 않다.

**고민 둘** **정신질환이 유행이 된 사회, 부족하거나 평범하지 않다면 정신질환이 있는 것일까?**

초등학교 3학년 여자아이가 어머니와 함께 병원을 찾아왔다. 어머니는 이미 아이를 데리고 이른바 용하다는 정신과의원과 상담센터를 전전하다가 추천을 받아 이곳에 왔다고 했다. 처음에는 여러 의원을 다녔다는 말에 아이의 문제가 심각하거나 치료가 잘 안 되나 싶었다.

어머니는 초등학교에 입학한 아이가 공부를 못하고 학교에 다니는 것도 싫어하며 자신감이 없어 자기표현이 부족한 게 문제라고 했다. 아이의 얘기는 조금 달랐다. 공부는 어렵지만 싫어하지 않고 학교를 다니는 건 좋다고 했다. 친구 관계도 나쁘지 않았다. 아이가 호소한 가장 큰 두려움은 공부를 강요하고 자신감이 없다는 이유로 자신을 혼내는 어머니였다. 면담과 여러 기관의 심리검사 자료를 종합했을 때 아이는 평균보다 지적 능력이 낮았고 다소 소극적이었다. 분명 공부를 잘하고 사교성이 뛰어나며 늘 자신감에 차 있는 자식을 바라는 어머니의 욕심을 채우기에는 부족했다.

아이는 특별한 정신병리 소견을 보이지 않았다. 어머니에게 아이에 대한 과도한 기대를 낮추고 있는 그대로의 모습을 격려하고 지지해주면 좋을 것 같다고 말했다. 어머니는 내 의견을 듣지 않았다. 내 의견에 동의할 수 없다고 말했다. 분명 아이에게는 문제가 있고 치료로 고칠 수 있다며 진단받고 싶어 했다. 나는 강한 어조로 이렇게 계속 병원에 다니는 건 아이에게 큰 상처가 될 수 있으니 그만하라 했다. 내 말에 어머니는 화를 내며 진료실을 나가버렸다.

이 어머니가 아이를 사랑하지 않는 건 아니겠지만 어머

니는 마음에 들지 않는 자식의 모습을 진단할 수 있다면, 마치 외과절제술처럼 그 부분을 도려내어 문제를 해결할 수 있으리라는 환상이 있었다. 아이의 문제는 바로 어머니의 기대를 충족시킬 수 없다는 것이었다.

재독 철학자 한병철의 『피로사회』는 "시대마다 그 시대의 고유한 주요 질환이 있다"*라는 문장으로 시작한다. 내가 보기에 요즘은 정신질환이 유행하는 시대다. 그렇다 보니 소위 '정상' 범위에 속할 법한 사람도 자의 또는 타의로 정신질환자가 된다. 자연스럽게 정신건강 관련 업계는 급격히 확장되어 호황을 누리고 있다. 진단에서 이어지는 치료야말로 손쉬운 해결책이라고 착각하는 것이다.

**고민 셋 의사로서 가장 내리기 어려운 진단**

환자에게 특별한 진단 사항이 없더라도 의사로서 "당신은 정상입니다"라고 말하기 어렵다. 정상에 가깝다는 말조차 하기 어렵다. 대부분 사람이 정상과 비정상을 상반되는 것으로 인식한다. 하지만 정신질환이 있는 것과 없는 것은

---

* 한병철, 김태환 옮김, 『피로사회』, 문학과지성사, 2012.

그렇게 딱 나뉘지 않는다. 둘은 상반되지도 않는다. 그런데도 병원을 찾는 사람들은 자신이 정상이라는 말을 듣고 싶어 하고 정상이 아니라면 구체적인 비정상 상태, 즉 진단을 받고 싶어 한다.

앨런 프랜시스Allen Frances, 1942- 는 『정신병을 만드는 사람들』Saving Normal에서 정상과 비정상에 대한 개념을 구분하기 위해 여러 분야를 고찰한 뒤 다음과 같은 결론을 내렸다.

"두 용어는 상대의 부정으로서만 정의될 뿐이다. 각각에 대한 진정한 정의는 없고, 둘을 가르는 유의미한 기준선도 없다."*

이 둘은 각각 실체가 없고 구분할 수 있는 기준이 없으며 단지 반대되는 개념으로서만 존재한다. 정상이 아닌 건 비정상이고, 비정상이 아닌 건 정상이라는 말이다. 정상과 비정상, 정신질환이 있음과 없음은 분명한 경계가 없다. 좌절스럽도록 모호한 그 무엇이다. 그렇기 때문에 오늘날의 정신의학이 제 범위를 넓혀가면서 '비정상'의 경계

---

* 앨런 프랜시스, 김명남 옮김, 『정신병을 만드는 사람들』, 사이언스북스, 2014.

를 탄력적으로 잡아 늘여 '정상'의 범위는 빠르게 좁아지고 있다.

환자가 진료를 받으러 오면 난 첫 질문으로 스스로 원해서 왔는지, 아니면 끌려왔는지 물어본다. 자의로 온 게 아니라면 상담을 원하는지 물어본다. 답답하고 어려운 일이 있어서 얘기를 나누길 원한다면 상담을 진행하고 그렇지 않다면 진료실을 나가도 된다고 말한다. 나는 다른 사람들에게 장사는 소중하다고 농담처럼 말하지만 환자들을 되돌려보내기 일쑤다.

평범하지 않거나 부족하다고 해서, 아니 '평범해 보이지 않거나' '부족해 보인다고 해서' 정신질환이 있는 건 아니다. 독특하거나 보편적이지 않을 뿐이다. 평균에서 벗어나 엉뚱한 행동을 하거나 반항적이고 튀는 행동이 비정상이라며 정신질환으로 진단 내리려는 지금의 시대가 '비정상'이다. 치료는 개인이 증상으로 고통받을 때 아프지 않도록 돕는 것이지 벌칙이 아니다. 다시 한번 말하지만 치료는 벌칙이나 형벌이 아니다. 모두가 공통된 기준의 정상 상태가 있을 것이라고 생각하고, 이 기준 안에서 정상이기를 바란다. 하지만 정상은 실체가 없는 허상일 뿐이다.

## ADHD와 교실 그리고 한 아이

또 다른 아이 이야기다. 초등학교 교실 앞쪽 구석에 담임선생님의 책상이 있고, 바로 앞에 그 아이를 위한 특별한 자리가 마련되어 있었다. 아이는 반에서 일어나는 모든 사소한 일에 관심을 보였고 모든 일에 간섭했다. 무척이나 말이 많았고 한시도 몸을 가만히 두지 못했다. 초등학교 4학년부터 6학년까지 아이를 지도한 선생님은 아이에게 '자발적다'라는 말을 자주 썼다. 당시에 아이는 말뜻을 이해하지 못했지만 '자발적다'는 가볍고 참을성이 없다는 뜻으로 '자발없다'의 잘못된 말이었다. 아이는 과잉행동이 있었고 다소 충동적인 성향도 있었다.

한번은 담임선생님이 수업시간에 떠드는 아이를 위해 특별 처방을 내렸다. 말을 하지 못하도록 입에 빨래집게를 집어 놓은 것이다. 성인이 된 아이는 자기 입이 돌출된 것은 그때의 빨래집게 때문이라고 농담처럼 얘기한다. 선생님은 아이에게 수업시간에 다리를 떨지 말라는 말도 자주 했다. 그러면 아이는 내가 다리를 떠는 게 아니라 다리가 날 떠는 것이라고 우스갯소리로 선생님에게 푸념했다. 어쩌면 아이는 불안을 유발하는 통제된 수업시간을 견디기 위해 다리를 떠는 것으로 불안감을 해소했을지도 모른다. 스스로 불안 감소 기술을 터득한 것이다.

아이는 비 오는 날이면 비를 맞고 다녔다. 엄마는 우산을 자주 잃어버리는 아이에게 망가진 우산을 주었지만 그마저도 잃어버려 비를 맞고 다니는 일이 다반사였다. 우산을 가져갔다가 잃어버려 엄마에게 혼나느니 비 맞는 것을 선택했는지도 모르고, 부서진 우산을 들고 다니기에는 자존심이 상해서 비를 맞았는지도 모른다.

문제행동투성이던 아이는 상급학교에 진학했지만 문제가 자연스레 없어지거나 나아지지 않았다. 과잉행동은 약간 줄었지만 충동적인 성향은 도리어 심해졌다. 다른 친구들은 말이 많고 나서기를 좋아하며 엉뚱한 행동을 서슴없이 하는 아이를 별나게 취급했다. 하지만 그 덕에 인기도 많았다. 그 인기를 바탕으로 중학교 2학년 때는 압도적인 득표수로 반장에 당선되기도 했다. 아이들이 장난삼아 그 아이에게 표를 몰아준 모양이었다. 담임선생님은 못마땅했던 문제아가 반장에 당선되자 일주일 만에 재투표를 했지만 아이는 다시 반장에 당선되었다. 담임선생님은 문제아 반장을 인정할 수밖에 없었다.

반장이 못마땅했던 담임선생님은 학급회의 시간에 끼어들어 자신의 의견을 강요했다. 반장은 아이들 앞에서 담임선생님이 학급회의에 끼어드는 것에 문제를 제기하고 선생님의 개입을 거부했다. 이에 화가 난 담임선생님은 아이를 체벌했다. 담임선생님의 행동이 너무 부당하다고 생각한 아이는 체벌에 동의할 수 없다면서 자신이 맞아야 하는 이유를 설명해달라고 요구했다.

그 결과 아이는 교실 밖으로 쫓겨났고 아침 조회와 종례는 물론이고 담임선생님의 교과목인 국어수업에도 들어오지 말라는 통보를 받았다. 몇 주 후, 옆 반 선생님의 중재로 아이가 사과하고 일은 마무리되었지만 아이에게는 너무나 힘든 시간이었다. 엄마에게 학교를 안 다니면 안 되냐고, 그만두고 싶다고 말하기까지 했다.

고등학교에 올라간 아이에게 보충학습과 야간자율학습은 마치 형벌과도 같았다. 어렵게 들어간 의과대학 생활도 징역살이의 연속이었다. 이렇듯 오랜 시간 책상에 앉아 있어야 한다는 것은 아이에게는 너무 벅찬 임무였다.

아이는 여러 우여곡절을 겪으며 정신과의사가 되었다.

여전히 차분함, 안정성, 지속성 등 의사로서 필요한 덕목이 부족했다. 그는 자신에게 문제가 있고 부족하다는 생각을 버리고 생긴 대로 살아보자고 다짐했다. 과잉행동과 충동성 그리고 가만히 있지 못하는 성향을 건강하게 활용할 수 있다고 생각했다. 그는 진료실에 앉아 있는 시간을 줄이고 환자의 집과 학교 그리고 지역사회 등 여러 현장을 정신없이 돌아다니면서 직접 환자를 만났다. 문제라고 여겼던 자신의 모습이 현장을 뛰어다니는 진료를 할 때는 최고의 덕목이었다.

지금부터 정신의학을 토대로 아이에게 진단을 내려보자. 다음 표는 미국정신의학회에서 발간한 정신의학 진단 및 통계편람DSM-5에 따른 ADHD주의력결핍 과잉행동장애의 진단 기준이다. 굵게 강조된 부분이 이 아이에게 해당하는 증상들이다. 아이는 여섯 가지 이상 부주의와 과잉행동·충동성 증상을 보였고 이러한 증상이 사회적 활동에 부정적인 영향을 미쳤으며, 6개월 이상 지속되었다. 단순하게 진단 기준만 봤을 때 아이는 명백한 ADHD다.

# ADHD 진단 기준

A. 부주의와 과잉행동·충동성의 지속적인 패턴이 기능이나 발달을 저해함.

(1) 부주의: 발달 수준에 적합하지 않은 다음의 증상 중 여섯 가지가 나타나고, 사회 활동, 학업, 직업 등에 부정적인 영향이 6개월간 지속됨.

  a. 세부사항에 주의를 기울이지 못하고, 부주의한 실수를 저지름.

  b. 지속적인 주의집중이 어려움.

  c. 다른 사람의 말을 듣지 않음.

  d. 지시를 따르지 못하고 임무 수행에 차질이 있음.

  e. 과업과 활동조직에 어려움.

  f. 지속적으로 정신적 노력을 요하는 일에 참여를 피하고 저항함.

  g. 필요한 물건을 분실함.

  h. 외부자극에 의해 쉽게 산만해짐.

  i. 잘 잊어버림.

(2) 과잉행동·충동성: 발달 수준에 적합하지 않은 다음의 증상 중 여섯 가지가 나타나고, 사회 활동, 학업, 직업 등에 부정적인 영향이 6개월간 지속됨.

  a. 손발을 가만히 두지 못하고 몸을 움직임.

b. 앉아 있어야 하는 상황에서 자리를 벗어남.

c. 상황에 맞지 않게 지나치게 뛰어다니고 기어오름.

d. 여가활동에 조용히 참여하거나 놀지 못함.

e. 끊임없이 움직이고 쫓기는 것처럼 행동함.

f. 지나치게 수다스러움.

g. 질문이 끝나기 전에 성급히 대답함.

h. 차례를 기다리지 못함.

i. 다른 사람의 활동을 방해하고 간섭함.

B. 연령: 몇몇 부주의 또는 과잉행동·충동증상이 만 12세 이전에 나타남.

C. 몇몇 부주의 또는 과잉행동·충동증상이 두 가지 이상의 장면에서 나타남.

D. 사회 활동, 학업, 직업 기능이 방해를 받고 질적으로 감소하는 명백한 증거가 있음.

E. 배제기준: 증상이 다른 정신장애로 설명되지 않음.

---

다들 짐작했겠지만 이 아이는 나의 어린 시절 모습이다. 나는 정말 다행스럽게도 정신과의사로 성장했다. 그러나 나의 삶을 되돌아보면 아찔한 순간이 많았다. 지금 이렇게

살고 있는 나의 모습이 스스로도 대견스럽고 천만다행이라고 생각한다. 나는 분명히 문제아였고 문제 있는 성인이 될 자질이 아주 많았다.

만약 내가 문제행동을 보였던 어린 시절에 ADHD로 진단받고 약물이나 상담 치료를 받았다면 지금 더 훌륭한 성인이 되어 잘살고 있을까? 내가 1980년대가 아니라 오늘날에 학교를 다니고 있었다면 정상적으로 학교를 마칠 수 있었을까? 아마도 난 학교의 강력한 권유로 치료를 받았을 것이고 학교에 제대로 적응하지 못했을 것이다.

내 말은 ADHD라는 질환이 실체가 없다는 게 아니다. 오히려 ADHD는 생물학적인 증거 기반이 가장 분명한 질환 가운데 하나다. 어릴 적 나의 행동과 비슷한 아이를 봤다면 나도 분명 ADHD로 진단했을 확률이 높다. 오히려 아이가 과도한 활동성을 견디기 힘들어 자발적으로 약을 먹고 싶어 했을 수도 있다. 그러나 기질적으로 남들보다 외향적이고 활동적인 아이들에게 '손쉽게' ADHD라는 덫을 씌워 학교에 순응시키려고 하는 것은 아닌지 고민해야 한다. 생각을 넓혀서 학교라는 공간이 ADHD로 진단된 아이들에게 꼭 필요한지 묻고 싶다. 이런 아이들을 위한 또 다른 교육 체계가 필요한 건 아닐까. 학교라는 경직된 공간에서 이런 아이들을 온종일 지내게 한다는 게 어쩌면 아동학대가 아닌가 하는 생각도 든다.

신라시대에 있던 화랑은 청소년의 심신수련을 위해 국가 차원에서 조직한 무사집단이다. 화랑에 소속된 청년들은 학문을 공부하기도 했지만 주로 산과 들 그리고 계곡을 돌아다니며 무예를 연마했다. 현대의 틀에 박힌 교육제도에서는 기본적으로 좁은 교실에 앉아 책을 들여다봐야 한다. 이러한 교육제도가 맞는 아이들도 있겠지만, ADHD 성향을 지닌 아이에게는 고문과도 같다.

반면 화랑 안에 ADHD 성향을 지닌 아이가 있었다면 넘치는 에너지를 마음껏 발산하며 자신의 재능을 최대한 발휘할 수 있었을 것이다. 이렇게 사회의 모습에 따라 아이의 성향은 재능이 될 수도 문제가 될 수도 있다. 나 또한 신라시대에 태어났다면 누구보다 뛰어난 화랑이 되었을 것이다. 아이가 사회에 맞지 않는다면 아이를 바꾸는 게 아니라 사회가 이런 아이를 위해서 다양해질 수는 없는 것일까.

초등학교 시절 ADHD 성향이 있었던 내가 버틸 수 있었던 것은 한 선생님 덕분이었다. 수업시간에 내가 너무 산만해지면 도중에 오락 프로그램을 진행해보라고 하거나 북채를 쥐어주고 밖에서 북을 두드리는 연습을 권하고는 했다. 때로는 수업을 중단하고 다 함께 나가 체육활동을 하기도 했고, 심지어 인내심이 극에 달하는 마지막 시간에는 선생님 집에 가서 도시락을 가져오라는 일을 맡기기도 했다.

선생님은 이런 식으로 내가 주체할 수 없는 에너지를 소모할 수 있도록 도와주었다. 지금 생각해보면 이러한 선생님의 배려는 나에게 최적화된 치료법이었다. 정신과의사가 된 후 그 선생님을 찾아갔다. 선생님은 내게 잘 자라줘서 고맙다고, 잘못될까봐 걱정했었다고 말했다. 어쩌면 이 선생님이야말로 최고의 치료자일지도 모른다.

## 한 조현병 환자의 이야기

다음은 심각한 중증 정신질환인 조현병을 지닌 분의 이야기다. 여러분은 조현병이나 조현병 환자라는 말을 들었을 때 어떤 모습을 떠올리는가? 여러분이 기존에 상상했던 조현병 환자의 모습과 비교하면서 이 남자의 이야기를 읽어보기 바란다.

나는 구급차에 실려 어딘가로 향하고 있었다. 내게 무슨 일이 벌어지고 있는지 영문을 몰랐다. 집 안에 처음 보는 사람들이 들이닥쳐서는 나를 묶고 구급차에 실었다. 도착해서야 끌려온 곳이 정신병원이라는 사실을 알았다. 정신병원은 미친 사람들만 있는 곳이 아닌가. 낯선 병실에 남겨진 나는 무서웠다.

내가 병에 걸렸고, 그 병이 조현병이라는 말을 들었을 때 나의 세상은 무너졌다. 나는 가족에게 강제입원을 당했다. 가족이나 주치의는 내게 제대로 된 설명을 하지 않았다. 내 얘기도 듣지 않았다. 입원 일수가 하루하루 더해질 때마다 나는 없어지는 것 같았다. 삶의 모든 규칙이 깨지고 이제껏 살아왔던 삶은 하나하나 흩어졌다. 모든 게 뒤바뀌어버렸다.

병동에서는 왜 약을 먹어야 하는지 모른 채 강제로 투약받았다. 약은 입에도 내게도 너무 썼다. 입이 마르고 몸은 말을 듣지 않았다. 부작용이 심했고 고통스러웠다. 하루 세 번 약 먹을 시간이 되면 병동의 모든 환자가 줄을 서서 약을 받아먹었다. 간호사가 약을 주고 보호사가 옆에서 약을 먹었는지 입안을 확인했다. 약을 먹지 않은 게 걸리면 한 끼를 굶어야 했기 때문에 투약을 거부할 수 없었다.

조현병에 걸려 입원하게 된 나의 처지를 생각했다. 불행했다. 가족에게서, 하나님에게서 버림받았다. 난 아무런 쓸모가 없었다. 버림받은 삶을 끝내야 하는 게 아닐까? 나는 인간 존재에도 속하지 못한다는 생각까지 했다. 나를 고통스럽게 하는 증상도, 조현병에 걸린 나도 싫었다.

긴 입원 생활을 끝내고 퇴원할 때가 인생에서 가장 행복한 순간이었다. 조현병 발병과 입원 그리고 퇴원까지, 불과 몇 년 사이에 조현병 때문에 인생에서 가장 슬펐던 일과 기뻤던 일이 찾아왔다는 점이 아이러니하고 우습게 느껴졌다. 퇴원해보니 조현병을 앓는 나는 삶의 밑바닥으로 추락해 있었다. 어딜 가나 미친 사람 취급을 받는 것 같았고 사회에서 버림받아 갈 곳이 없었다. 병원에서 퇴원하기 전 간호사가 재활센터에 가보라고 전화번호와 주소를 적어주었다. 그때는 가지 않겠다고 말했지만 어쩔 수 없이 재활센터를 찾아가야 했다. 사실 이런 처지가 비참하지는 않았다. 내가 갈 곳은 여기밖에 없다고 생각하니 내려놓게 되었다. 마음이 조금 편해졌다.

오랫동안 재활센터와 집을 오가는 생활을 반복했다. 처음에는 함께 살던 동생이 조현병을 앓게 된 나를 어린애처럼 혼내듯이 얘기하고 막 대한다는 생각에 섭섭했다. 그럴 때마다 내가 건강하지 못해서 그런가보다 하며 참아야 했다. 조현병이 발병하니 아들로서, 형으로서, 가족으로서 받아야 할 대우를 받지 못하고 누려야 할 권리를 포기해야 될 때가 많았다. 조현병은 과거와 미래에 대한 꿈 그리고 삶에 대한 의욕을 버리게 되는 병이라고 생각했다. 버리는 것을 배우는 병. 그렇지만 얻는 것, 아니 잃었다가 되찾는 것도 있었다. 가족은 시간이 지날수록 나를 나로서 인정해주었다. 내가 약을 먹어서 나은 건가? 혹시 남이 보기에는 병에 안 걸린 사람처럼 보이나? 하는 생각도 하게 되었다.

나는 여전히 환청이 조금 남아 있고 스트레스를 받으면 불안이 심해졌다. 어쩔 수 없이 남을 의식하기도 했다. 사람들이 나를 정신병자로 본다는 생각이 들었고 나를 이상하게 생각한다고 느꼈다. 차라리 사람들이 그렇다고 말해주면 낫겠는데 나를 보고 아무렇지 않다고 말하니까 도리어 가슴이 콩닥콩닥 뛰면서 불안해졌다. 그래도 여전히 나는 여기서 살 만하다고 생각했다. 상태가 호전되면서 고통 안에서도 행복을 느낄 수 있다는 것을 알았다. 행복하다고 느낄 수 있어서 고통도 감사했다. 나도 똑같은 인간이라는 감정을 느끼기도 했다. 하지만 남들처럼 정상인 건가? 사실 여전히 그건 잘 모르겠다.

집을 나와 독립생활을 하면서 재활센터에 다녔다. 삶의 반경은 넓어졌지만 집과 재활센터를 오가며 좁은 테두리 안에서 살아야 했다. 정상적인 사회인이라는 생각이 별로 들지 않았다. 아직도 평범한 사람의 삶의 영역이나 사회와는 멀찍이 떨어져 있다고 생각했다. 재활센터에서 많은 도움을 받았지만 이제 재활센터를 그만 다니고 평범한 사람이 사는 곳으로 이사

해서 지금의 반복된 생활에서 벗어나고 싶었다. 나는 더 늦기 전에 정상적인 생활을 해보고 싶었다. 예전에는 굵고 짧게 60세까지만 살자고 다짐했는데 어느덧 60세가 다 되었다. 90세까지만 살 수 있으면 좋겠다. 몹쓸 병 때문에 그동안 하지 못한 게 많았다. 정상으로 회복해서 남들처럼, 보통 사람처럼 살아보고 싶었다. 그렇게 딱 90세까지만.

지난 세월을 돌아보았다. 조현병으로 과거는 흐릿해지고 현재는 단순해졌지만 그래도 역경을 딛고서 잘 살아왔다고 생각했다. 누구에게 무언가를 바라던 마음이 지나가니 이제 스스로 행복하게 사는 일만 생각한다. 남을 도와주면서 살아가고 싶은 마음뿐이다.

어느 날 재활센터에서 어떤 사람이 집을 구하는데 돈이 부족해 쩔쩔매고 있었다. 나는 그에게 나라에서 받은 돈 40만 원을 주었다. 그랬더니 신기하게도 그 사람의 생활이 나아지기 시작했다. "물이 흐르는 곳에 떡을 보내면 내게 흘러들어올 것이다"라는 설교 말씀처럼 남을 도우니까 마음속에 무언가 흘러들어왔다.

세상에는 정말 어려운 사람이 너무 많았다. 나는 남

은 생을 남을 위해 봉사하고 싶어 넉넉하지 않지만 매월 마음을 담아 돈을 기부한다. 남을 위해 희생하고, 남을 도와주고 사는 데 삶의 뜻을 두었다. 그동안 너무 못 도와주면서 살았다. 나 자신만 알았다. 남에게 도움을 주고, 웃음도 줄 수 있는 삶을 살고 싶다. 삶도 어렵게 살았는데 죽음이 뭐 그렇게 두려울까. 알 수 없다는 점에서 죽음과 삶은 무궁무진하다. 나는 내가 바라는 방식대로 살고 싶다고 생각했다.

이 남자의 삶을 돌아봤을 때 어떤 생각이 드는가. 여러분이 각자의 머릿속에 그렸던 조현병 환자의 이미지와 같은가? 아니면 그렇지 않은가? 남자는 조현병이 발병하고 10년이 넘는 시간을 입원했다. 긴 입원 생활로 잃어버린 것도 포기했던 것도 많았다. 그는 삶을 포기하고 싶다는 생각도 했고 자신을 더 일찍 품어주지 않은 사회를 원망하기도 했다. 하지만 그는 자신의 처지를 비관하기만 하거나 사회를 비난하지만은 않았다. 자신의 질환을 받아들이고 앞으로의 삶을 그려 나갔다. 입원 생활로 그동안 못했던 것들을 하나씩 해나갔다. 마음이 많이 아팠던 만큼 자기보다 힘든 사람을 돕는 삶을 꿈꿨다.

그의 삶을 돌아보면 난 마음이 아프면서도 숙연해진다. 조현병을 앓고 있는 사람들은 괴물이 아니다. 입원을 쉽게 말해서도 안 된다. 입원은 한 사람의 인생에서 너무나 많은 것을 앗아간다. 내가 같은 상황이었다면 자괴감과 사회에 대한 원망을 넘어서 지난날을 포용하고 다른 누군가를 돕겠다는 생각을 할 수 있었을까?

나는 ADHD 성향을 지니고 태어났다. 내게 있는 과잉행동 같은 정신병리 덕분에 말도 많았고 하고 싶은 것도 많았으며 되고 싶은 사람도 많았다. 진료실이나 지역 현장에서 마음을 아파하는 수많은 사람을 만났다. 정신질환은 없지만 사회에 적응하지 못해 아파하는 사람. 정신질환에 대한 잘못된 편견 때문에 제때 치료를 받지 못하는 사람. 치료가 아닌 벌칙으로 정신과 치료를 받아야 하는 사람. 단지 중증 정신질환을 앓고 있다는 이유로 자신의 아픔을 표현하지 못하고 사회에서 배제되고 타인의 냉대를 견뎌야 하는 사람. 사람으로서 마땅히 받아야 할 사람대접을 받지 못하는 사람. 정신과 질환이 유행처럼 번지고 정상의 범주가 점점 사라져가는 이 시대에 난 마음을 아파하는 사람들을 돕고 싶었다.

나는 이왕 태어난 거 멋지게 살고 싶었다. 세상을 조금 더 멋지게 바꾸고 싶었다. 체 게바라Ché Guevara, 1928-67를 좋아했고 나만의 방식으로 세상을 바꾸는 의사가 되고 싶었다. 내가 꿈꾸는 혁명이 있고 내가 그리는 세상의 모습이 있다.

나 같은 ADHD 성향이 문제행동으로 취급받지 않고, 망상이나 환청을 숨기지 않아도 되며 중증 정신질환자도 사람대접을 받을 수 있는 세상. 자신의 아픔을 인정받을 수 있는 세상. 마음껏 마음을 아파할 수 있는 세상. 나는 그런 세상을 위한 혁명을 꿈꾼다.

이 책은 나의 혁명에 관한 책이다.

# *1* 누구를 위한 입원일까

## 희망과 좌절

2016년 9월 29일 헌법재판소는 보호 의무자에 의한 입원 조항이 헌법에 어긋난다는 판결을 내렸다. 1995년 정신보건법이 처음 만들어졌을 때부터 있던 조항이 20년 만에 위헌 판결을 받은 것이다. 정신건강 분야에 몸담고 있는 관계자와 조현병을 앓고 있는 분들 사이에서는 고무적인 반응이 주를 이뤘다. 강제입원을 경험한 많은 당사자도 이제는 본인의 의사를 고려하지 않은 구금이나 부당한 입원이 줄어들 거라고 기대했다. 정신질환을 앓고 있는 환자에 대한 인식을 개선할 수 있는 신호탄이었다.

앞선 5월에 통과된 '정신보건법 전부 개정'은 보호 의무자에 의한 입원 시 그 요건을 강화해 단순히 절차적 정당성을 확보하는 데만 초점을 맞춘 개정이라 만족스럽지 않았다. 하지만 보호 의무자에 의한 입원 조항이 위헌 판결을 받자 강제적인 입원의 축소에서 시작해 정신질환자에 대한 처우도 개선되고 사회서비스도 확충되어 점차 나은 사회가 될 거라는 희망이 넘쳤다.

정신질환으로 수차례 강제입원을 경험한 당사자는 이제 정신질환을 앓고 있다는 이유로 범죄자처럼 강제로 자유를 박탈당하고 부당하게 입원당하지 않을 것이라는 기대감을 표현했다. 그는 사실 많이 늦었고 지금도 느리기는 하지만 변화하고 있다는 사실에 감격했다. 그는 이제 정신질환자를 사회의 위험요소로 바라보는 낡은 시선이 바뀌고 사회적 차별과 편견에서 벗어나 사회 안에서 함께 살아갈 미래를 꿈꾸며 벅찬 감정을 드러냈다.

나 또한 이제부터 만들어지고 바뀔 입원 제도에 긍정적인 기대를 한껏 품었다. 지금껏 해온 수용 중심의 치료보다는 지역사회 중심의 치료가 확대되고 그런 치료가 보편적인 치료가 될 것이라고 생각했다. 그러나 모든 일은 왜 잘 나가다 항상 사고로 점철되는 것일까. 운수 좋은 날이었을까. 한껏 부풀었던 기대는 연이은 사건으로 조금씩 사그러들더니, 결정적인 사건으로 한순간에 물거품이 되었다.

2018년 12월 31일 임세원 교수가 외래 진료를 보던 중 조울증, 즉 양극성 정동장애로 치료받던 환자의 흉기에 찔려 사망하는 사고가 발생했다. 일반 대중 사이에서는 정신질환자가 사회의 안전을 해칠지도 모른다는 우려가 커졌고 정신질환자에 대한 오해와 편견이 또다시 확산되었다. 그래도 당시에는 자중의 목소리도 같이 울렸다. 정신질환자에 대한 무분별한 오해와 편견은 자제해야 한다는 것이었다. 고 임세원 교수의 여동생 임세희 씨가 유족을 대표해 "모든 사람이 정신적 고통을 겪을 때 사회적 낙인 없이 치료와 지원을 받는 환경을 조성하는 계기가 되길 바란다"라고 말하기도 했다.

하지만 곧 이은 사건이 모든 걸 바꿔버렸다. 2019년 4월 17일 진주 방화 살인 사건이 터졌다. 이 사건으로 사회 전체가 발칵 뒤집혔다. 사람들은 조현병 환자는 물론 모든 정신질환자에 대한 두려움을 넘어서 혐오를 표출했다. 마치 모든 정신질환자를 정신병원에 '가둬야' 한다는 것처럼. 언론은 기다렸다는 듯이 연일 조현병 환자의 강력범죄 사건을 미디어에 쏟아냈다. 보호 의무자에 의한 입원 제도가 위헌 판결을 받은 후 봄이 온 줄 알았는데 아니었다. 짧았던 봄날은 그렇게 갔다.

## 누구의 책임인가

2019년 4월 17일, 조현병 환자인 안인득은 자신이 거주하는 진주의 한 아파트에 불을 지른 후 계단으로 대피하는 주민들을 상대로 준비해놓은 흉기를 휘둘렀고 22명의 사상자가 발생했다. 사건 이후 경찰을 비판하는 목소리가 높아졌다. 안인득은 지역 주민과 빚은 갈등으로 2019년에만 일곱 차례 이상 신고가 들어왔으나, 경찰은 그의 조현병 증상을 전혀 파악하지 못하는 등 안일하게 대처했다는 것이다. 당시 이낙연 국무총리도 국정현안점검조정회의에서 "범인은 오래전부터 이상행동을 보였고 불행을 막을 기회도 있었다고 하는데, 경찰은 그런 참사를 미리 막을 수 없었는지 돌이켜봐야 한다. 하나하나 되짚어 보고 결과에 합당한 조치를 취해야 한다"고 말하며 경찰 책임론이 고개를 들었다.

그러나 이 모든 책임을 경찰에게만 물을 수는 없다. 안인득의 과거 행적을 하나하나 되짚어 보면 문제가 된 여러 행동을 조현병으로 설명하는 게 가능하다. 그렇지만 정신보건전문가가 아닌 경찰은 이를 이웃 간의 갈등으로만 여길 수도 있다. 문제가 된 행동 자체만으로는 정신과 병력을 파악하기 어려웠을 것이다. 이수정 경기대 교수는 "정신과적인 어떤 병력을 확인할 수 있는 길이 있었다면 위험이 발생할 수도 있을 거라고 예견할 수 있겠지만 아무런 정보 열람권을 주지 않고 경찰한테 위험을 예견하라고 요구하는 것은 경찰에게도 쉽지 않은 일"이라고 말했다.

그렇다고 해서 경찰이 책임에서 자유로운 것은 아니다. 경찰이 문제 상황을 정신과적 이유 때문이라고 명확하게 인식할 수는 없었을지라도 동일한 상황으로 자주 신고가 들어왔다면 좀더 면밀하게 확인했어야 했다. 더욱이 이러한 정신과적 문제를 다루기 위해 정신보건전문요원에게 연계할 수 있는 제도적 장치도 마련되어 있다. 경찰은 왜 이러한 체계를 몰랐을까.

일부 정신과의사는 경찰의 대처가 미흡할 수밖에 없었

던 이유로 제대로 된 규정과 법이 없는 정신과 응급입원 체계를 지적했다. 안인득의 지난 행적에서 명백하게 위험해보였던 사건이 없었고, 타해의 위험이 분명했더라도 응급입원이 가능한 정신병원이 없다면 입원이 어렵기 때문이다. 더군다나 병원에서는 응급입원이 아니라고 판단할 확률이 높으며 응급입원을 했어도 입원을 유지할 수 있는 시간은 72시간뿐이라는 것이다.

나는 이 의견에 전혀 동의할 수 없다. 법에 결함이 있다고 해도 위의 말대로라면 응급입원이 안 될 거라는 추측만으로 의뢰하지 않았다는 것인데 이는 더 큰 문제다. 어쨌든 일곱 차례 이상 신고가 반복되었고 정신건강과 관련된 문제가 의심되는 상황이었다면 그리고 주민이 위협받을지도 모른다는 판단이 섰다면 응급입원까지는 아니더라도 정신건강센터에 의뢰했어야 한다.

이번 사건에서 경찰의 책임은 사건에 충분한 관심을 기울이지 않고 안일하게 넘겼다는 것이다. 일곱 차례에 걸쳐 신고가 들어온 사건에 대해 상세히 조사했다면, 주변 사람의 말을 적극적으로 청취하고 신고 대상자를 만나 반복적으로 얘기를 나눴다면, 정신보건전문가에게 의뢰하고 사

안에 대한 충분한 논의를 했다면, 비극이 발생하기 전에 막을 수 있었을 것이다.

일부 정신보건전문가는 정신질환자의 인권이 강조되는 현 상황에서 입원 치료가 필요하다고 판단되는 환자조차도 스스로 동의하지 않을 경우 입원시키는 것이 어렵다고 말한다. 하지만 입원 치료가 필요하고 입원 치료를 받고 있는 환자를 곧바로 범죄와 연결하는 것은 논리적 비약이다. 정신질환자의 인권과 사회의 안전은 시소게임이 아니다. 본인의 의사를 거스르는 입원은 당연히 쉽게 이루어져서는 안 된다.

앞에서 살펴본 헌법재판소의 위헌 판결에서 알 수 있듯이 타의에 의한 입원은 개인이 지닌 신체의 자유를 침해하는 중대한 행위다. 따라서 정말로 입원이 필요한 환자에 한해서 입원 치료가 이루어져야 한다. 요점은 입원은 정신과적 증상이 심각해 적극적인 치료가 필요할 때 행해지는 것이지 단순히 사회의 위험을 제거하기 위한 수단이 되어서는 안 된다는 것이다. 정신질환자의 비자의입원을 단순히 인권과 사회 안전의 충돌로 바라봐서는 안 된다.

나는 우선 국가의 책임을 묻고 싶다. 과연 국가는 중증 정신질환자를 위해서나 국민의 안전을 위해 어떤 노력을 했을까. 이런 일이 벌어질 때마다 서둘러 임시방편 수준의 대책만 내놓고 문제의 근원적인 원인을 해결할 생각은 하지 않는다. 이 사건 이후 보건복지부는 정신질환자와 관련된 응급상황이 발생했을 때 현장에서 대처할 수 있는 응급개입팀을 확대하겠다고 발표했지만 근본적으로 정신병원은 정신질환자들이 충분히 좋은 치료를 받을 수 있는 환경이 못 된다.

건강보험체계는 병원이 환자를 진료한 내용에 따라 공단이 치료비를 지급한다. 질 좋은 치료나 충분한 치료를 제공한다고 해서 그 비용을 무조건 지급하는 것이 아니다. 정해진 기준에 해당하는 치료비만 지급한다. 물론 이러한 기준은 과도한 치료비 지급을 억제하기 위한 수단으로 활용되기도 한다. 현재 장기입원 환자에 대해서는 기간에 따라 병원에 지급되는 금액이 줄어드는 방식으로 차등 지급하지만 장기입원을 억제하는 유인은 되지 못하고 있다.

정신질환자에게 제공하는 치료비는 내과나 외과 같은 다른 과에 비해 낮다. OECD 회원국과 비교했을 때 1인당 정신보건 예산은 OECD 가입국이 24,000원인 데 반해 우리나라는 3,889원에 불과하다. 이런 열악한 정신과 수가제도*로는 병원이 충분한 인력을 확보해 질 좋은 치료를 제공하기가 힘들다. 병원은 최소한의 비용만으로 운영할 수밖에 없다.

이러한 과정에서 일부 정신병원은 상업적인 목적으로 장기입원 환자들을 양산하고 있다. 건강보험공단이 아닌 정부에서 치료비를 지급하는 의료급여** 환자는 건강보험 환자에 비해서 더 낮은 수준의 치료비를 받는다. 단지 의료급여 환자라는 이유로 동등한 서비스를 받지 못하고 차별적인 서비스를 받는 것이다. 일부 맹목적으로 수익을 추구하는 병원도 있는 것이 사실이다. 그렇기 때문에 단순히 수가를 늘리는 것만으로 문제가 해결되지는 않는다. 합리적인 치료비를 보장하기 위해 시설, 인력, 서비스 내용 등 치료의 질적 측면을 고려한 수가제도를 마련해야 하고 이를 관리하기 위한 기준을 설정해야 한다.

---

* 의료기관에서 의료인이 제공한 의료서비스에 대해 서비스별로 가격을 정해 사용량과 가격에 의해 진료비를 지불하는 제도.
** 생활유지 능력이 없거나 생활이 어려운 저소득 국민의 의료문제를 국가가 보장하는 공공부조제도.

현 상황에서 국가는 저렴한 비용으로 중증 정신질환자를 정신병원에 수용해 치료 아닌 치료를 암묵적으로 조장한다. 국가는 정신병원을 사실상 '수용시설'처럼 운영하는 게 가장 저렴하기 때문에 이를 방치하는 꼴이다.

국가의 정신보건체계는 도대체 어떤 방향으로 흘러가는 것일까? 응급상황에 대처할 수 있는 체계는 미약하기 짝이 없고, 제대로 된 치료를 받을 수 있는 병원은 많지 않다. 위기대응체계가 있다고 하지만 경찰 따로 정신건강센터 따로 조각난 채 분열되어 있다. 이런 상황에서 응급상황을 제대로 대처할 수 있었을까. 설령 안인득이 입원을 했다고 해도 그가 병원에서 제대로 된 치료를 받을 수 있었을까. 한 번의 입원으로 모든 문제가 해결되었을까. 안인득이 예전에 입원했을 때는 왜 치료가 되지 않았을까. 도리어 그때의 경험으로 입원에 대한 반감을 지니고 있는 것은 아닐까. 나는 현재 우리의 시스템이 응급상황을 제대로 대처할 수 있고, 입원을 통해 제대로 된 치료를 제공할 수 있다고 자신할 수 없다.

좋은 입원 치료 이후에는 근본적으로 정신질환자가 지역에서 잘 살아갈 수 있는 환경이 마련되어야 한다. 퇴원

후 정신재활을 받을 수 있는 주거시설이나 재활센터 등이 있지만 지금은 턱없이 부족하다. 중증 정신질환자를 지원하고 지역사회서비스를 연결해야 할 정신건강센터도 예산과 인력의 부족으로 그 기능이 충분치 않다. 퇴원은 했지만 머물 수 있는 곳이 충분치 않아 다시 입원하는 경우가 많다. 이는 지역사회 차원의 관리가 실패했다는 의미다.

국가는 지역사회 중심의 돌봄을 말로만 강조한다. 말로는 정신병원에 입원한 환자를 내보내서 정신질환자가 지역사회에서 함께 어울려 살아갈 수 있는 환경을 조성하겠다고 한다. 중증 정신질환자도 지역사회에서 적절한 관리를 꾸준히 받으면 충분히 회복이 가능하다. 하지만 제대로 된 병원 치료도 충분히 받지 못하고 사회에 나가서도 방치되고 있는 실정이다.

이런 사건이 다시는 생기지 않게 지금의 정신보건체계에 내재된 문제와 법과 제도가 지니고 있는 문제들을 바꿔 나가야 한다. 그리고 지금의 제도 안에서 우리 전문가와 관련자들은 자신들의 책임을 다하고 있는지, 오히려 우리가 입원이라는 손쉬운 '해결책'을 바라고 있지는 않은지 고민해봐야 한다. 나는 한 사람의 정신과의사로서, 그리고 무엇보다 세부전공으로 지역사회 정신의학을 공부하고 지역 현장에서 일하는 사람으로서 이 일에서 떳떳할지 반성한다.

보호 의무자에 의한 입원 조항이 위헌 판결을 받았고 정신보건법이 개정되었지만 끔찍한 사건이 벌어졌다. 우리는 모든 책임을 손쉬운 해결책처럼 보이는 입원으로 회피하려 해서는 안 된다. 사건이 발생하고 일 년이 지났을 때 지역 현장에서는 조금만 문제가 있어 보이면 책임을 회피하고자 공권력을 동원한 정신과 입원을 남발했다. 당장 눈에 보이지 않는다고 해서 그 문제가 사라지는 것이 아니다. 하지만 우리는 적극적으로 눈 가리고 아웅한다. 이것이 지금의 현실이다.

## 입원 중심 치료가 아닌 지역사회 중심 치료

어렸을 때 흔히 '미친 사람', 즉 정신질환자라고 하면 내 머릿속에 떠오르는 단어들이 있다. 외딴 창고, 쇠창살, 그리고 쇠사슬이다. '미친 사람'에 대한 강렬한 첫 기억은 중학교 수련회였다. 충남 금산의 한 기도원으로 수련회를 갔다. 기도원 원장님은 기도원에서 떨어져 있는 외딴 창고에 가지 말라고 했다. 원장님의 말은 오히려 내 호기심을 자극했다. 나는 궁금증을 이기지 못하고 홀로 창고에 갔고 쇠창살로 된 방에 갇혀 쇠사슬에 묶여 있는 중년 여성을 보았다.

처음 본 끔찍한 장면에 충격을 받았다. 난 그길로 기도원 원장에게 찾아가 그 사람이 왜 창고에 갇혀 묶여 있느냐고 물었다. 원장님은 미쳤기 때문이라고 짧게 답했다. 미쳤는데 왜 갇혀 있어야 하고 더구나 묶여 있어야 하는지 나는 이해할 수 없었다.

원장님은 왜 그 사람을 외딴 곳에 방치하는 것일까. 어째서 필요한 치료를 하지 않는 것일까. 중학교 수련회에서 본 충격적인 사건, 즉 '미친 사람'과의 첫 대면이 내가 입원 치료가 아닌 지역사회 중심의 정신의학을 배우고, 중증 정신질환자가 지역사회에서 잘 살아갈 수 있도록 도와주는 활동을 하는 동기로 작용했을 거라고 생각한다.

원장님과 대화한 후 생긴 고민은 정신과 수련을 하면서도 이어졌다. 내 생각에는 입원한 환자의 절반 이상이 세상에서, 지역에서, 그리고 자신이 살던 공간에서 어울려 잘 살아갈 수 있어 보였다. 그런데 가족의 걱정과 사회의 반대 등으로 함께 살아가는 걸 거부당하고 있었다. 왜 이들은 거부당해야 할까. 사람들은 "환자를 돌볼 여력이 없다" "나오면 약을 먹지 않고 재발할 것이다" "집에 가도 할 일이 없고 환자를 위해서도 병원이 더 낫다"라고 말했다.

그렇다면 이것만 해결하면 되는 것이 아닐까. 약을 잘 챙겨 먹을 수 있도록 누군가 돌봐주고 낮에는 여가 생활을 즐기고, 더 좋아져서 일을 하게 된다면, 지역사회에서 사람들과 어울려 살아갈 수 있지 않을까. 그리고 이런 방법이 이들을 위한 핵심 치료가 아닐까.

단순히 약물 치료와 입원 치료 말고도 해줄 수 있는 치료가 많아 보였다. 나는 지역사회 중심 치료가 가능한 지역사회를 만들고 싶어서 정신과의사 자격을 취득한 후 수원시 정신건강센터에서 일자리를 얻었다. 지역사회 정신보건사업의 중심에 있는 센터에서의 경험은 병원과 달랐다. 병원 진료실이 아닌 지역에 위치한 센터의 상담실이나 회원의 집 그리고 학교에서 회원을 만났다. 때로는 문을 열어주지 않아 현관문을 사이에 두고 대화를 주고받기도 했고 길거리나 다리 밑에서 면담하기도 했다. 공원이나 역 대합실에서 노숙하시는 분을 만나기도 했다.

병원 시스템에 익숙했기 때문에 진료 공간을 지역사회로 이동하는 것이 처음에는 쉽지 않았다. 그렇지만 정신질환으로 고통받는 분들이 입원하지 않고도 자신이 살아가는 삶의 거처에서 치료받고 정신질환에서 회복할 수 있도록 돕기 위해 노력했다.

내겐 잊을 수 없는 정신건강센터의 첫 경험이 있다. 정신건강센터에서 일을 시작하고 처음으로 가정방문을 나갔을 때의 일이다. 그분은 교회를 거쳐 동사무소 직원이 의뢰한 환자였다. 그분은 아버지가 누군지도 모르는 딸을 둔 30대 후반의 여자로 수원역 뒤편에 있는 아주 허름한 한 칸짜리 집에 살고 있었다. 주변 분들의 말을 들어보니, 출산 전후로 대화가 제대로 되지 않고 혼잣말을 하는 등 횡설수설하는 모습을 보였고, 몇 개월도 안 된 아이를 방치하다시피 했다고 한다. 그 사람은 딸이 자신의 아이가 아니라며 전혀 돌보지 않아 근처 교회의 목사 부부가 아이를 대신 키우고 있었다.

보호자가 데려오는 환자를 정해진 진료실에서 만나던

나는 지역 현장에서 어떻게 해야 할지 잘 몰랐다. 그 사람은 법적 남편이 없었고 아이의 아버지가 누군지 모르는 상황에서 가족도 없이 혼자 살았다. 결국 몇 번을 설득한 끝에 간신히 그분에게 정신과 입원 치료를 받게 했다. 처음이라 모든 게 낯설었고 경황이 없었다.

집으로 돌아왔을 때는 허탈감이 몰려왔다. 정신건강센터에서 내 첫 번째 역할은 중증 정신질환을 앓는 분을 입원시키는 일이었다. 입원이 아닌 지역사회 중심의 치료를 해보고 싶었던 내가 입원을 설득하는 사람이 되었다는 게 허망했다. 그분은 분명 적극적인 치료가 필요했지만 결과적으로 난 그분을 입원하게 한 것이다. 돌이켜 생각해본다. 다른 방법은 없었을까. 입원이 최선이었을까.

## 입원을 결정하는 사람들

### 사례회의 1

지역 내에서는 한 기관에서 감당하기 어렵고 여러 영역의 협력이 필요한 상황에서 사례회의를 개최한다. 회의에는 사례관리자를 비롯해 행정복지센터 직원과 정신건강센터 직원 그리고 담당 경찰 등 다양한 사람이 참여하고 때로는 사례대상자의 가족이 참여하기도 한다. 한자리에 모여 대상자의 현재 상황을 명확하게 파악하고 어떤 도움을 어떻게 줄 수 있을지 머리를 맞대고 논의한다.

최근 한 중년 남성을 대상으로 한 사례회의가 있었다. 남자는 얼마전에 아내와 이혼했는데 정신적으로 충격을 받았는지 자주 우울감을 호소했고 분노가 차오를 때도 있다고 고백했다. 그의 생활환경은 열악했다. 실직 이후 변변한 직업을 구하지 못해 점점 생계가 어려워졌다. 의욕적으로 장사를 시작했으나 얼마 못 가 접어야 했고 빚만 점점 쌓여갔다. 경제적인 어려움을 견디지 못한 남자는 행정복지센터에 긴급 생계비를 신청했지만 조건이 충족되지 않아 탈락하고 말았다. 자신 같은 처지의 사람이 긴급 생계비 대상이 아니라면 누가 해당이 되냐며 동사무소를 찾아와 직원을 위협하고 거칠게 항의했다.

남자는 이전보다 심한 분노를 느끼는 날이 많아졌다. 아무 상관도 없는 사람에게 이유 없이 화를 냈고, 특히 길을 가다 화목한 가족의 모습을 보면 분노가 치밀어 오른다고 했다. 우울감이 심해져 자살하고 싶다는 말을 꺼냈고 공공연하게 누군가를 해치고 싶다는 말까지 했다. 이에 두려움을 느낀 사례관리자가 회의를 통해 자문을 요청한 것이다.

행정복지센터 직원은 남자의 상황이 어려운 것은 사실이나 긴급 생계비 지급 대상에는 해당하지 않는다고 했다. 사례관리자는 남자의 감정 변화가 점점 심해져 위험한 상황이 벌어지지 않을까 우려했다. 그는 남자가 누군가를 해치거나 문제를 일으킬지 모른다는 걱정에 남자를 돕기 위한 방법으로 정신병원 입원을 최우선으로 고려하고 있었다. 사례관리자는 정신병원에 입원하면 편안하게 쉴 수 있다는 말로 남자를 설득해 어느 정도 구두로 입원을 허락받은 상황이었다. 입원을 하지 않고 지금과 같은 상황이 지속된다면 무슨 일이 벌어져 사례관리자 자신이 모든 책임을 지게 될지도 모른다는 불안감이 회의 내내 느껴졌다.

나는 현재의 상황과 다양한 사람의 의견을 들어봤을 때 즉각적으로 입원이 필요한 사항은 아니라고 판단했다. 사례관리자의 설득으로 남자가 입원에 동의하기는 했지만 스스로 입원의 필요성을 제대로 이해하지 못했다. 자해나 타해의 위험은 뚜렷하게 드러나지 않았다. 사례관리자가 느끼는 '그럴지도 모르는 상황'에서 오는 불안이 입원을 결정하게 된 가장 큰 이유였다.

자신이나 타인을 해할지도 모른다는 우려에서 사례관리자가 느끼는 불안은 입원 사유에 해당하지 않는다. 사례관리자는 정신병원을 단지 편히 쉴 수 있는 곳으로만 생각했다. 이런 내 생각을 이야기하자 직접 사례관리를 하는 행정기관 직원들은 난색을 표했다. 그들에게는 어려움을 넘어선 두려움이 있었다. 만약 남자가 누군가에게 해를 가하거나 자살을 하게 된다면 사례관리자가 모든 책임을 져야 하는 상황에 놓이기 때문이다. 사례관리자는 조심스러워질 수밖에 없다. 어쩌면 당연하다. 대상자를 보호하면서 자신을 보호하는 방법으로는 입원 치료가 최선의 해결책이라 생각할 수밖에 없다. 상황이 이렇다 보니 동사무소 사례관리자나 정신건강센터 등 여러 기관과 함께하는 지역의 사례회의가 입원을 결정하기 위한 회의가 되어버리는 경우가 빈번하다.

위의 사례는 오랜 논의 끝에 최종적으로 입원을 하지 않는 것으로 결정되었다. 사례관리자가 모든 책임을 지지 않고 모두가 함께 책임을 나누자고 했다. 남자의 불안을 이해하고 조금 더 지켜보면서 지역사회 차원의 관리를 지속하기로 했다.


## 입원을 결정하는 사람들

**사례회의 2**

진주 방화 살인 사건이 있고 일주일이 되던 날이었다. 지역의 행정복지센터에서 급박하게 사례회의가 열렸다. 사례 대상자는 70대 후반의 남성이었다. 자녀가 있었지만 외도와 가정폭력으로 이혼한 후 가족과 단절된 채 혼자 지내고 있었다. 일상생활은 잘 이루어지지 않았다.

그는 집에 도시가스가 새고 있다는 생각에 사로잡혀 있었다. 몇 번이고 검사를 받아 문제가 없음을 확인했는데도 집에 도시가스가 새고 있어 자신이 폐결핵에 걸렸다고 생각해 집 안에서 연탄불을 피우며 생활하고 있었다. 집 앞에는 생활쓰레기와 물건들이 쌓여 있어 썩은 냄새가 진동했다. 이로 인해 이웃과 갈등이 잦았고 지구대와 행정복지센터에 신고와 민원이 많이 들어오는 상황이었다.

그에게는 폭력전과가 있었다. 최근에는 자신의 의견이 받아들여지지 않으면 관공서나 자신의 집에 불을 지르겠다는 협박도 자주했다. 관리사무소 직원이나 문제를 제기하는 이웃 주민에게 폭력을 행사해 경찰이 출동하기도 했다. 자녀와 연락이 닿았지만 아버지에 대한 감정이 좋지 않아 아버지를 보는 것을 원치 않았다.

사례회의에는 나를 비롯해 담당 경찰, 행정복지센터 직원, 사례관리자, 정신건강전문요원, 관리사무소 소장 등이 참석했다. 우리는 대상자를 도울 수 있는 방안을 다양한 측면에서 논의했다. 진주 방화 살인 사건 직후라 모두가 예민하게 사태를 주시했다. 집에서 연탄불을 사용하고 있는 상황이라 화재의 위험성이 높았고, 남자의 건강도 좋지 않았다. 무엇보다 폭력적인 모습이 지속되었다. 더 큰 사건이 벌어질 것이 우려되는 상황이었다.

사례회의에 참여한 사람 모두가 남자의 폭력적인 모습, 혹시나 모를 극단적인 상황을 걱정했다. 따라서 논의가 진행될수록 초점은 입원에 맞춰졌다. 보호자와 원활한 소통이 되지 않는 상황이기 때문에 보호 의무자에 의한 입원은 어렵고 행정입원이 필요하다는 의견으로 뜻이 모아졌다.

심각한 정신과적 문제를 보이는 사람을 돕고 치료할 수

있는 방법은 크게 여섯 가지로 나눌 수 있다. 첫째, 지역에 거주하면서 정신과 외래 진료를 받으며 증상을 조절하면서 치료하는 방법. 둘째, 대상자가 스스로 입원 치료의 필요성을 인식하고 동의하는 경우에 실시하는 자의입원. 셋째, 대상자가 입원을 결정하고 보호자 1인이 동의하는 동의입원. 넷째, 대상자가 입원 치료를 거절할 경우 보호 의무자 2인이 동의하는 보호입원. 다섯째, 대상자가 치료를 거부하는 상황에서 정신건강전문요원 및 전문의가 정신질환으로 인한 자해·타해 위험이 있다고 판단하는 경우에 시군구청장에 의해 입원하는 행정입원. 여섯째, 자해·타해 위험이 크고 상황이 급박할 경우에 해당하는 응급입원이다.

이번 사례의 경우 위의 네 번째 경우까지는 가능성이 희박했다. 무엇보다 환자가 병에 대한 인식이 없었고 치료 의지가 없었으며 보호 의무자 또한 대상자와 다시 엮이는 것을 원치 않았다. 다른 회의 참여자의 의견처럼 나도 입원의 필요성은 동의했지만 신중하게 고민해야 한다고 얘기했다. 입원 치료가 정말 정답인가 다시 한번 고민해보자고 말했다.

자해나 타해의 위험성은 주관적이다. 이를 명확하게 판단하는 것은 어려운 일이고 섣부르게 판단해서도 안 된다. 또한 사례회의는 입원 여부만을 논의의 초점으로 삼아서는 안 된다. 입원을 시켰는데 적절한 치료를 받지 못하고 퇴원할 경우, 오히려 폭력성을 키우게 되어 더 큰 분노를 지니게 되거나 앙심을 품고 위해를 가할 수도 있다. 입원은 최종 해결책이 아니다. 어려운 사람을 돕고 사회를 안전하게 지키는 개입의 출발점이 되어야 한다.

이번 사례회의의 경우 최종적으로 입원이 필요한 상황이라고 의견을 모았다. 나는 중증 정신질환자를 정신병원이 아닌 지역에서 돌보고 치료하면 잘 지낼 수 있다고 생각해왔다. 수용이 아닌 탈수용화를 실천하기 위해 많은 노력을 기울여왔다. 그러나 나는 이날 또 한 명의 입원을 결정했다. 충분한 논의 끝에 대상자에게 입원 치료가 필요하다고 판단해 함께 내린 결정이었지만 씁쓸했다. 전문가라는 이름으로 내린 결정이 그의 삶을 멈춰 세우고 그의 사회적 자리를 빼앗은 것은 아닌지 마음이 쓰였다.

## 누구를 위한 입원이 되어야 할까

진주 방화 살인 사건과 행정입원을 결정한 70대 남성의 사례에서 쟁점은 정신질환자로 추정되는 사람의 인권과 그에게 제공하는 치료적 도움 그리고 사회안전 사이의 갈등과 균형이다. 이는 사실 직접적으로 상충하는 문제는 아니지만 쉽게 서로 상충하는 것으로 논쟁이 되고는 한다. 그렇지만 어떤 판단이 맞는지 명확히 알 수 없다. 첫 번째 사례회의를 통해 입원이 필요 없다고 판단한 중년 남성이 혹여나 자살을 시도하거나 누군가를 심각하게 공격할 수도 있다. 반대로 행정입원을 진행하기로 한 70대 남성에게는 입원이 필요 없었지만 진주 방화 살인 사건의 영향으로 너무 예민하게 반응한 결정일 수도 있다.

정말로 중요한 것은 다양한 전문가와 관계기관 관계자들이 모여 함께 고민하고 생각을 나누는 일이다. 어느 누구도 정답을 알 수 없기 때문이다. 한 개인의 정신적 고통을 치료하고 돌보는 일과 사회 구성원의 안전을 지켜야 하는 일. 이 두 가지를 모두 고려해야 한다. 그리고 노력해야 한다. 인권과 사회안전은 하나를 강조하면 또 다른 하나를 포기하는 시소게임이 아니다. 정신질환자의 인권도 보장하고 사회안전도 충분히 지킬 수 있다. 정신질환자의 인권을 단순히 행정입원이나 응급입원의 관점으로만 바라봐서도 안 된다. 정신병원에서도 지역사회에서도 최적의 치료를 충분히 받지 못하고 있는 중증 정신질환자 문제가 더 심각한 인권의 문제다.

70대 남성의 입원을 결정한 회의 말미에 대상자가 퇴원을 하고 난 뒤 지구대와 행정복지센터에 불을 지른다면 어떻게 할 것인가라는 말을 던지자 회의실에 정적이 감돌았다. 퇴원 후 오히려 자신의 병을 더 부정하고, 입원 경험이 상처로 남아 자신을 입원시킨 사람들에게 적대감을 키울 수도 있다. 한순간의 어려움을 모면하려다가 더 큰 문제에 맞닥뜨릴 수 있는 것이다.

입원으로 모든 문제가 사라질 것이라는 태도는 우리의 착각이다. 중증 정신질환자가 저지른 강력범죄 사건들을 되돌아보면 그들 가운데 일부는 좋지 못한 입원 경험을 지니고 있던 사람들이었다. 우리는 그들이 치료받을 수 있도록 하고 자해와 타해의 위험에서 안전을 지키기 위해 입원을 결정한다고 하지만 타의에 의한 입원 경험은 그들에게 씻지 못할 상처를 남길 수도 있고 적대감만 더 키울 수도 있다. 입원을 결정하기 전에 입원이 정말로 그들을 위한 것인지 고민하고, 고민하고 또 고민해야 한다. 또한 인권과 사회안전 사이에서 우리의 안전을 위해 그들을 입원시켰다면 최선을 다해 그들을 치료하고 돌봐야 한다.

# 2 신성한 질환에 대하여

병의 원인도 치료 방법도 알지 못할 때

2019년 4월 5일 자 『서울신문』에 실렸던 기사로 이야기를 시작해보자.

오스트레일리아의 한 섬에서 주민들이 정체를 알 수 없는 질환에 시달렸다. 이 질환으로 많은 사람이 사망했고 지금도 섬 주민의 5분 1에 해당하는 백여 명이 병으로 팔다리가 굳고 제대로 걷지 못한다. 이 미스터리한 질환은 마카도 조셉병Machado-Joseph disease으로 영구적인 신체장애로 발전하는 매운 드문 유전성 신경퇴행성 질환이다. 유전자 돌연변이를 통해 비정상적으로 생성된 단백질이 소뇌의 신경세포를 죽여 근육의 약화, 강직, 통제력 저하 등을 일으킨다. 증세를 완화시키기 위한 약물 치료는 가능하지만 아직 완치할 수는 없다. 부모 가운데 한 명만 이 병을 앓고 있어도 유전되어 환자는 계속 늘고 있다. 이 병을 앓고 있는 한 여성은 "우리는 모두 저주받았다"라고 말하기도 했다.

과학의 눈부신 발달로 생물학적인 지식이 쌓여 과거에는 엄두도 낼 수 없던 질환을 하나하나 정복하고 있다. 하지만 지금도 불치병, 희귀병, 암 등 명확한 원인이나 치료 방법을 알 수 없는 질환이 많다. 말기 암 판정을 받아 도저히 손쓸 수 없는 상태까지 갔을 때, 미약한 의학으로는 아무것도 할 수 없을 때, 마지막 희망을 품고 신을 찾는 사람들도 있다. 마카도 조셉병이 점차 섬 전체로 번져 나갔지만 오스트레일리아의 섬 주민들은 병의 원인도 치료 방법도 알지 못했다. 그렇기에 '신의 저주'라는 말밖에 할 수 없는 것이다.

인류는 발병 원인을 알 수 없고 특별한 치료법도 없는 수수께끼 같은 질환을 접하면 그 원인을 초자연적인 현상으로 돌린다. 너무나 생소하고 파괴적인 질환 앞에서는 신의 세계에서 원인을 찾는 방법 말고는 달리 방법이 없어 보인다.

여기 시대를 달리하는 세 사람이 있다. 이들은 각기 다른 질환을 앓고 있다. 잠시 과거로 떠나 이들의 이야기를 들어보자.

첫 번째 사람은 고조선 시대를 산 사람이다. 한눈에 보기에도 체격이 건장한 23세 남성으로 이른 나이에 결혼해 벌써 자식 셋을 두었다. 남자는 가족을 먹여 살리기 위해 매일매일 밭에서 보냈다. 그는 그날도 여느 때처럼 밭일을 하기 위해 이른 새벽부터 집을 나섰다. 오후가 되자 맹렬한 기세로 해가 내리쬐기 시작했다. 연신 땀을 훔치며 일하던 중 갑자기 그가 밭 한가운데로 맥없이 쓰러졌다. 눈이 돌아가고 입에서는 거품이 나왔다. 그는 곧 온몸이 뻣뻣해졌고 사지를 사정없이 떨기 시작했다. 건너편 밭에서 일하던 이웃이 놀란 마음으로 달려와 수차례 이름을 불렀으나 남자는 의식이 없었다. 얼마 지나지 않아 점차 떨림은 잦아들고 의식이 돌아왔다.

그는 영문을 모르는 얼굴로 깨어났고 자신이 발작했다

는 사실을 기억하지 못했다. 당연히 마을 사람들도 그가 왜 그러는지 전혀 알지 못했다. 그날 이후에도 며칠에 한 번꼴로 그에게 같은 일이 일어났다. 마을에는 남자의 몸속으로 유령이 들어가 그렇게 되었다는 소문이 돌기 시작했고 사람들은 그가 갑자기 미쳐버렸다고 생각했다.

과거에는 간질이라고 불렀던 뇌전증을 앓고 있는 사람을 상상하며 이야기를 만들었다. 뇌전증에 관한 거의 최초의 기록은 무려 기원전 6,000년경 이집트에 있다. 이집트인들은 기록에서 환자에 대한 증례를 묘사한 뒤 악마나 유령이 인간의 몸 밖으로 나간 것을 뇌전증의 이유로 들고 있다.

의학의 아버지라 불리는 히포크라테스Hippocrates도 뇌전증에 대해 언급했다. 히포크라테스는 약 2,500년 전에 쓴 「신성한 질병에 관하여」De morvo sakro에서 "그런데 사람들은 당황하고 놀라서 그것이 신적인 것이라고 생각했는데 이는 그것이 다른 질환들과 전혀 닮지 않았기 때문이다"*라고 말한다. 히포크라테스가 살던 당시 병의 원인을 모르고

* 히포크라테스, 여인석·이기백 옮김, 『히포크라테스 선집』, 나남 출판, 2011.

특별한 치료나 대책도 없었기 때문에 많은 사제가 초자연적인 신을 내세워 정화요법이나 주술을 통해 병을 치료하려고 했다. 놀랍게도 동시대의 히포크라테스는 "그러나 나는 사람의 몸이 신에 의해, 다시 말해 가장 사멸하기 쉬운 것이 가장 정결한 것에 의해 더럽혀진다고 생각하지는 않는다"*라고 하며, "뇌는 다른 중한 질환들과 마찬가지로 이 질환의 원인이다"**라며 시대를 한참 앞서간 주장을 했다. 물론 그가 뇌전증의 정확한 원인을 밝혀내거나 치료법을 개발한 것은 아니다.

뇌전증에 관한 연구는 18세기 후반부터 활발히 이루어졌고 20세기 초가 되어서야 뇌파 기록 장치가 개발되면서 진단 및 치료가 가능하게 되었다. 현대 의학에서 뇌전증은 대부분 약물로 조절이 가능하며, 꾸준히 치료받으면 일상을 영위하는 게 가능하다.


두 번째 사람은 조선시대를 살았던 사람이다. 그는 왕

---

\* 같은 책.
\*\* 같은 책.

의 장자長子로 장차 조선의 국왕이 될 혈통을 물려받았다. 어린 시절부터 총명해 왕가의 사랑과 기대를 한껏 받으며 성장했지만 술을 좋아하고 기생과 어울려 놀기 시작하면서 학문을 멀리하기 시작했다. 점점 자연스럽게 왕의 눈 밖에 났다. 그러거나 말거나 권력에 욕심이 없었던 그는 따분한 왕 자리에는 관심이 없어 동생에게 왕위를 양보하겠노라 공공연하게 말하고 다녔다.

국왕이 승하하고 동생이 왕위에 오른 뒤부터 그의 방탕한 생활은 더 심해졌다. 자제할 수 없는 정력을 자랑하듯 하루가 멀다 하고 궁궐 안으로 기생을 불러들였고 밤새 술을 마시며 놀기 일쑤였다. 그러던 어느 날 그에게 피부 발진과 궤양이 생기고 열을 동반한 심한 두통이 찾아왔다. 피부에는 고름이 차올랐고 정성 어린 치료에도 증상은 호전되지 않았다. 오히려 더 심해졌다. 그는 극심한 우울감과 환청 그리고 공포감을 호소했다. 제정신을 잃은 듯 보였고 여러 차례 자살을 시도하기도 했다. 처소를 지키는 근위병에게 자신을 베어 달라는 명령을 하고, 근위병이 지시를 따르지 않자 칼을 빼 들어 직접 자신을 베려고도 했다. 그의 상태는 나아지다가 악화되기를 반복했다.

그가 앓은 병은 매독이다. 매독은 흔히 '신의 저주'라고 불렀고 1940년 페니실린Penicillin이 매독 치료에 사용되기 전까지 전 세계를 휩쓸던 무서운 질환이었다. 매독이 3기에 이르면 우울, 공포, 불안, 환청, 망상 등의 정신병적 증상과 성격 변화 등이 나타난다. 매독이라는 병을 몰랐던 과거 유럽에서는 매독으로 나타나는 정신병적 증상을 이유로 환자를 광인의 수용소에 수감했다. 당시 매독에 걸린 사람은 상당히 많았고 광인의 수용소에 수감된 사람 가운데 많은 사람은 정신질환이 아니라 매독을 앓고 있었다. 음악가 슈만을 비롯한 많은 유명인도 사후에 매독임이 밝혀졌고 이들 또한 매독으로 인한 증상으로 수용소에 수용되기도 했다.

세 번째 사람은 7세기를 살던 신라 사람으로 31세 남성이다. 그는 이른 나이에 군에서 두각을 보이기 시작해 금세 장군의 자리에 올랐다. 당시 신라는 삼국통일을 위해 백제, 고구려와 전쟁을 하던 시기였다. 그도 신라의 장군으로서 당나라와 연합해 백제를 정복하기 위한 전쟁을 이끌었고 많은 전투에서 승승장구했다. 그의 명성은 점점 높아져 병사들은 물론 백성들도 그를 따르고 존경했다.

그런데 어느 때부터인가 그는 자신이 통일 국가의 왕이 될 것이며, 삼국통일 이후에는 당나라 또한 정벌할 거라고 확신하기 시작했다. 그의 계획이 머릿속에서 점점 정교화되어가자 이 사실을 당나라의 장수가 알게 되어 자신을 죽일 거라는 의심을 하기 시작했다.

어느 순간 그는 그 의심에서 벗어날 수 없게 되었다. 어느 날 밤에는 당나라 첩자가 자신을 암살하러 왔다며 모든 군사를 깨워 온 병영을 수색하게 했다. 그는 전쟁이 한창이었지만 당나라 침공 계획을 얼른 시행해야겠다는 생각에 부하들에게 백제군과 싸우지 말고 동맹군인 당나라군을 공격하라고 명령했다. 장군을 존경하는 마음으로 믿고 따랐던 휘하의 장수들은 장군이 갑자기 이러는 이유를 알 수 없어 당혹감을 감추지 못했다. 장군이 미쳤다는 소문이 퍼지기 시작했다.

마지막 이야기는 조현병을 지닌 남자를 상상하며 꾸몄다. 과거에 질환이라는 인식이 없는 상태에서 조현병 환자를 마주한 사람들은 얼마나 당황스러웠을까. 지금까지

도파민 가설을 비롯해 조현병의 원인에 대한 여러 주장이 있지만 여전히 명확한 원인을 알 수 없다. 증상을 완화하는 약물이나 여러 심리적·사회적 중재 치료가 있지만 아직까지 조현병의 근원적인 치료법은 없다.

뇌전증과 매독 그리고 조현병을 앓고 있는 환자는 과거에 같은 질환을 지니고 있다고 여겨졌으며 단순히 미쳤다는 취급을 받았다. 원인을 알 수 없어 신의 탓으로 돌리기도 했다. 지금은 과학의 발달로 병의 원인을 하나하나 알게 되었고 뇌전증과 매독으로 분리되었다. 어쩌면 조현병 또한 병의 원인을 감싸고 있는 껍질을 하나하나 벗기다 보면 병 자체가 없어질지도 모른다.


## 조현병, 원인을 알 수 없다는 두려움

처음에 소개했던 기사와 가상의 세 인물과 관련해 내가 치료하고 있는 한 환자의 이야기를 하려 한다.

그는 고등학교 때 처음 환청을 들었다. 혼자 화장실에 있는데 옆 칸에서 누군가 자신에게 이야기하는 소리가 들렸다. 놀랍게도 자신이 생각하고 있던 내용을 이야기하고 있었다. 그는 옆 칸에 있는 사람을 불러도 보고 문을 열어 보기도 했지만 아무도 없었다. 금세 가버렸나 보다 생각했지만 아무래도 이상했다. 자신의 속마음을 맞춰서 놀랍고 신기한 마음이 들었다.

비슷한 상황이 반복되었다. 그는 아빠에게 이 이상한 경험을 이야기했지만 아빠는 말도 안 된다며 신경 쓰지 말라고 했다. 하지만 소리가 들리는 빈도는 잦아졌고 강도도 점점 심해졌다. 처음과 다르게 듣기 싫은 이야기도 들려왔다. 왜 이런 일이 일어나는지 혼란스럽고 정신을 차리기가 어려웠다. 혼이 쏙 빠지는 것 같았다. 다시 아빠에게 말했지만 아빠는 신들린 것이 아니냐고 말하며 대수롭지 않게 넘겼다.

아빠의 말을 듣고 보니 신들린 것도 같았다. 다른 이유로는 설명이 안 됐다. 인터넷에 검색을 해봤다. 신기가 있는 사람의 주변인은 아프고 고초를 겪게 된다고 나와 있었다. 유튜브에서 한 현직 무당이 특정 날짜에 태어난 사람은 정신적으로 힘들고 신기가 있으니 조심을 잘 모셔야 한다고 했다. 특정 날짜는 바로 자신의 생일이었다. 곰곰이 생각해보니 얼마 전 할머니가 뇌경색으로 돌아가셨고,

엄마가 후두암 수술을 받았다. 그는 자신이 신들렸다는 확신이 들었다. 주변 사람이 다칠지 모른다는 걱정을 하기 시작했다.

어느 날 갑자기 목소리가 들려와 자신 때문에 이모가 죽을 거라고 했다. 그는 두려워졌다. 이모가 보고 싶었다. 이모를 찾아가서 다짜고짜 미안하다, 나 때문에 이모가 죽을 수도 있다며 소리치고 난동을 피웠다. 그러자 교회에 다니던 이모가 내 이마에 손을 얹고 안수기도를 해주었다. 잠깐이었지만 마음이 편해지는 것 같았다. 결국 그는 첫 환청을 들은 후 몇 년이 지나서야 병원에 왔다.

그의 질환은 조현병이다. 조현병의 특징은 비정상적인 사고와 현실 인지 능력 이상이다. 우리는 이제 조현병을 질환이라고 명명하게 되었지만 신의 저주는 아직 끝나지 않은 것 같다. 조현병 등 주요 정신질환에 대한 이해는 아직 충분치 않다. 광기는 여전히 수수께끼다. 조현병 진단 기준은 있지만 각자가 처한 상황이나 징후의 정도가 다르다. 그렇기 때문에 아직도 신 또는 신적인 것에 의존하려는 것이다.

그는 자신의 이해할 수 없는 경험에 대한 설명이 필요했고 신들렸다고 이해했다. 그는 인터넷을 보고 자신의 증상을 한국의 통속적인 신기 개념으로 이해했다. 이를 잘못된 지식으로 치부할 수 있을까. 그는 몇 년째 치료를 받고 있지만 지금도 환청은 남아 있고 아직도 자신의 이해할 수 없는 질환을 잘 모르겠다고 말한다. 나 또한 조현병에 대해 명확하게 설명할 수 없어 그의 믿음을 대놓고 반박하기가 쉽지 않다. 근거가 궁색한 것이다. 조현병은 원인도 모르고 완치도 힘들다.

나는 신경과학으로 조현병의 특정한 병인학적 원인이 밝혀지길 바란다. 그 원인이 생물학에 있지 않더라도, 무엇이 되었건 어쨌든 원인이 밝혀지면 좋겠다. 조현병의 원인을 알 수 없어 사람들이 지니게 되는 두려움과 막막함이 덜어지길 바란다. 그렇게 되면 나도 치료하는 사람으로서 떳떳하고 자신 있게 신의 질환이 아니라고 말할 수 있을 것 같다. 악령이 들렸다고 믿는 환자들에게 그게 아니라 어떠어떠한 원인을 지닌 질환이라고 당당하게 말하고 싶다.

# 3 불편한 존재를 위해 마련된 자리

## '치료'로 여기기 어려운 정신병원 입원

"내가 아무런 진술을 하지 않은 것은 정신병원이 무서웠기 때문이다. 그곳에서 내가 미친 짓을 하는 걸 수수방관하지 않을 터라 무서웠다."*

정신병원이라는 말을 들었을 때 당신은 어떤 생각이 먼저 떠오르는가. 그리 유쾌한 생각은 아닐 것이다. 우리는 병의 상태가 심각해 집중적인 관찰과 치료가 필요할 때

---

\* 레프 톨스토이, 석영중·정지원 옮김, 『이반 일리치의 죽음·광인의 수기』, 열린책들, 2018.

병원에 입원한다. 그러나 정신병원에 입원해야 한다고 하면 당사자나 주변 사람은 입원으로 치료와 돌봄에 대한 기대를 하기보다는 해서는 안 될 행동을 했기 때문에 '격리'된다는 처벌의 개념으로 이해한다. 당사자를 괴롭히는 망상과 환청 등은 치료받아야 하는 증상으로 여겨지지 않는다. 개인의 일탈이나 수수방관할 수 없는 미친 짓 그리고 처벌받아야 할 행동으로 치부될 뿐이다. 마찬가지로 정신병원을 심각한 정신적 고통을 치료하는 치료적 공간으로 여기지 않는다. 감옥이나 수용소와 다르지 않게 생각한다. 입원당한 사람들은 대부분 "저 미치지 않았어요" "제가 뭘 잘못한 거죠?"라고 묻는다. 그들은 병원에 '감금'된다고 생각한다.

나는 중학교 때 이상하거나 엉뚱한 행동을 자주 했다. 그러면 친구들은 오른손 검지로 머리 오른쪽에 원을 그리며 "안병은 저 자식은 또라이다"라고 말하면서 학교 뒤편 언덕 너머에 있는 '학하리 신생원'으로 보내야 한다고 놀리곤 했다. '학하리 신생원'은 현재 정신병원으로 바뀐 정신요양원이었다.

지금은 대전광역시 학하동으로 불리지만 그 당시 어린

우리들에게 학하리는 말이 통하지 않고 이해할 수 없는 두려운 존재들이 살고 있는 공포의 장소였다. 때문에 학하리에서 학교를 다니고 있는 아이들은 학하리에 산다는 말도 안 되는 이유로 놀림 대상이 되기도 했다. 그런데 아이러니하게도 친구들 사이에서 학하리에 보내야 한다고 놀림받던 나는 십여 년이 지나 그곳 출신의 여자와 결혼했다.

처가가 있던 학하리에 잠시 살았을 때 임신한 아내가 내게 부탁했다. 등본상의 주소를 내 부모님 집으로 옮겨놓자는 것이었다. 자신이 학하리 출신이라는 이유로 놀림받던 아픔 때문인지 자식의 주민등록상에 학하동이라는 이력마저도 없길 바랐다. 정신병원이 있던 지역 출신이 지니고 있는 정신적 상처가 이 정도인데 정신요양원이나 정신병원에 입원당했던 분들이 지니고 있는 아픔의 크기는 어느 정도일까.

길을 가다 보면 좀 이상하다 싶은 분들을 보게 될 때가 있다. 큰 소리는 아니지만 뭔가 계속 혼잣말을 하는 사람도 있고 갑자기 허공에 손가락질을 하는 사람도 있다. 어떤 사람은 길 가는 사람을 붙잡아 다짜고짜 이해하기 어려운 말을 하기도 한다. 역 근처에서는 노숙인도 어렵지 않게 볼 수 있다. 이른 저녁부터 술에 취해 다른 노숙인과 다투거나 큰 소리로 알아들을 수 없는 말을 하고서 웃기도 한다. '정상인'이라고 생각하는 우리들의 눈에는 그들이 참 불편한 존재고 존재 자체로 심기가 언짢아진다. 그들이 우리 주변에 있다는 것도 견디지 못해 달갑지 않은 그들의 자리를 우리 주변에서 치워 버리거나 없는 사람으로 취급하는 전략을 사용해왔다.

사람뿐만이 아니다. 동네에 정신병원, 공공복지시설 등 '기피시설'이라고 이름 붙여진 시설들이 들어온다고 할 때 반대하는 사람들은 단순히 반대의견을 피력하는 걸 넘어서 뿌리 깊은 혐오감을 표출한다. 하지만 단순히 그들을 눈앞에서 치워버린다고 그들의 존재 자체가 없어질까.

어린 시절에 동네에 '바보 형'이 있었다. 나이는 나보다 일곱 살 정도 더 많았다. 친구들과 놀고 있을 때면 형은 주변을 맴돌며 우리에게 장난을 걸었다. 처음에는 무서워서 피했지만 어느 순간부터 바보 형을 놀리기도 하고 함께 어울리기도 했다. 그래서인지 바보 형은 우리가 수업이 끝나고 오기를 기다리다 함께 놀자고 했고, 우리도 바보 형이 눈에 띄지 않는 날에는 형의 소식을 궁금해했다. 바보 형은 낯선 사람이 아니라 동네에서 알고 지내던 아저씨, 아줌마의 아들이었다. 치워버리고 싶다거나 없는 사람으로 여기지는 않았다.


## 배제와 감금의 역사

우리는 언제부터 함께 살고 싶지 않은 '비정상인'을 '정상인'의 공간 밖으로 내몰기 시작했을까. 이방현은 「식민지 조선에서의 정신병자에 대한 근대적 접근」이라는 논문에서 한국의 전통사회는 정신질환자를 가족과 지역사회에서 분리하고 특정 장소에 격리해야 한다는 인식이 없었기에 별도의 수용시설이 없었다고 말한다. 하지만 일제 강점기에 들어서자 정신질환자는 위생경찰과 근대 보건 의료진의 감시감독을 받아야 하는 존재로 전환되었고 이들만을 위한 수용시설이 마련되었다. 이러한 과정에서 정신질환자는 위험하다는 낙인을 부여해 사회에서 배제하는 것의 정당성을 확보했다.

당시 조선총독부가 시행한 여러 정책은 사회 통제의 성

격이 강했다. 일제는 안정적으로 식민지 조선을 지배하기 위해 사회적 불안 요소를 통제하려 했다. 정신질환자뿐 아니라 나병환자, 결핵환자 등을 수용해 격리했다. 물론 당시의 정신질환자 수용이 그들을 사회에서 배제하려는 목적뿐 아니라 미약하나마 치료적인 태도도 있던 것이 사실이다. 일부 사립병원을 중심으로 서양의학에 기반한 인도주의적 치료가 시행되었다. 그러나 이마저도 서양 정신의학의 발전 과정을 답습했다. 시설 모델에 입각해 환자를 수용해 격리하는 형태였다.

서양 열강이 제국주의를 앞세워 각국에 침투하는 과정에서 서양 정신의학도 퍼져 나갔다. 그들은 아프리카의 여러 국가를 식민화하는 과정에서 감호소를 설립해 광인들을 수용했다. 이를 야만 국가를 위한 '문명화 과정'이라고 설명했다. 이처럼 일본도 조선을 '문명화'하기 위한 일환으로 정신병자 수용시설을 만들었다. 단순히 정신질환을 앓고 있는 환자들을 치료하기 위해서가 아니라 '위험한' 정신질환자를 사회에서 분리해야 한다는 사회 통제에 입각해 있었다. 이처럼 한국은 근대 사회로 이행하면서 정신질환자를 사회에서 분리하고 눈앞에서 '치워버려야 할' 존재로 인식하기 시작했다. 이는 권력에 의한 감금 역사의 시작이다.

해방 후 미군정과 한국전쟁으로 인한 과도기적 시기를 지나 1960년대와 1970년대에 들어서면서 정신질환자에 대한 태도는 치료적 관점과 수용을 통한 규율화라는 관점이 혼재하기 시작한다. 이러한 과정에서도 꾸준히 정신질환은 폭력과 범죄라는 이미지가 강화되었고 사회적인 혐오와 공포가 조장되었다.

또한 무면허 치료 행위의 난립과 불법 사설 수용소 문제가 심각해지면서 의학계는 정신보건법 제정에 따른 정신병원 확충과 시설 양성화로 환자들을 관리해야 한다고 주장했다. 한 학회에서 제안한 법률 초안에는 본인의 동의 없이 강제 수용이 가능하도록 분명하게 명시되어 있기도 했다. 이처럼 시대를 통과하며 정신질환자는 사회에서 분리시켜야 할 잠재적 범죄자라고 여겨졌다. 정신질환자는 우리 사회를 위협하는 존재, 보이지 않는 곳으로 치워버려야 할 존재라는 인식이 강화되었다.

## 치워버리고 싶은 사람들과 정신병원

「평창가는 첫 길목 '부끄러운 민낯'」이라는 제목의 기사가 『매일경제』 2018년 1월 17일 자 1면에 실렸다. 용산역 일대 골목 곳곳에는 폐가가 줄을 잇고 기차가 지나가는 바로 옆에는 방치된 점포들이 눈에 띄어 단기 대책으로 임시 가림막을 설치해야 한다는 내용이었다. 오래된 건물과 낙후된 풍경은 국가의 부끄러운 치부고 국격을 높여야 할 올림픽 개최가 철저하지 못한 준비로 자칫 국가 이미지만 떨어뜨릴 수 있는 상황이 될 수 있다는 거였다.

이 기사를 보면서 1988년 서울 올림픽 때 상황이 생각났다. 1981년 7월 30일 독일 바덴바덴에서 열린 제84차 IOC 총회에서 서울시는 나고야시를 물리치고 1988년 하계올림픽 개최지로 선정되었다. 곧이어 1986년 아시안게임도 유치했다. 정부는 아시안 게임과 올림픽에 참가하는 외국인과 외국 언론을 위한 도시미관사업의 일환으로 낙후된 주택을 대대적으로 철거하고 재개발했다. 한국을 찾아오는 손님들을 위해 도시를 보기 좋게 만들어 외국인, 특히 '문명인'이라 여겨지는 서양인들을 맞을 준비를 한 것이다. 도시 미관을 해치는 부랑자나 노숙인을 수용시설로 보내고 정신질환자를 보이지 않는 곳으로 감췄다.

1985년 47개이던 정신요양시설은 1988년 서울 올림픽 직전에 급증하기 시작해 1990년에는 74개가 되었다. 서울 올림픽을 앞두고 전 세계에 문명화된 모습을 보여주고자 존재 자체가 불편한 자들의 자리를 박탈하고 강제로 수용소로 쫓아낸 것이다. 이렇게 중증 정신질환자의 자리는 정신요양원과 정신병원 안에 마련되었다.

1980년대에는 법적 체계 안에서 정신질환자를 수용하기 시작했다. 여전히 치료보다는 분리와 배제의 관점이 강했고 여기에 자본주의의 논리가 가세했다. 수용 위주의 정책으로 시설은 대형화되었다. 정신보건법 제정에 따른 의료 시설 증가, 음성적인 시설의 양성화에 따른 영향이 맞물려 1984년부터 2015년까지 약 30년 동안 정신보건시설의 병상 수는 1만 4,456병상에서 9만 7,526병상으로 증가했다. 치료받을 수 있는 시설이 늘어났다는 긍정적인 측면도 있겠으나 정신질환자는 치료를 위해 입원하는 것이 아니라 '통제'를 위해 병원에 입원당했다. 1994년 자의입원 비율은 4퍼센트에 불과했고 내내 10퍼센트를 넘지 못하다가 2006년부터 10퍼센트대에 들어섰다. 2010년에 이르러서야 겨우 20퍼센트대가 되었다. 나머지는 대부분 타의에 의한 입원이었다.

이처럼 정신병원은 '치워버리고 싶은' 사람들을 '치워버리는' 역할을 했다.

## 정신질환자에게 눈감는 국가

2017년 전면 개정된 정신건강복지법이 시행되었다. 여러 개정이 있었지만 기존에 전문의 1인의 진단으로 가능하던 강제입원을 서로 다른 정신의료기관 소속 전문의 2인으로 개정했다. 모든 강제입원은 1개월 이내에 입원적합성 여부 심사를 받아야 하고 6개월에 한 번 진행하던 입원 기간 연장 심사를 3개월 간격으로 조정했다. 자의에 의한 입원이라도 보호의무자 1인의 동의를 받아야 입원할 수 있는 동의입원이 신설되었다.

하지만 정책이 장기입원 환자에게까지 미치지 못한 것으로 보인다. 여전히 정신과 병상은 많고 장기입원은 줄어들지 않고 있다. OECD 회원국의 조현병 환자 평균 재원 기간은 2016년 기준 50일인 데 비해 우리나라는 303일에 달한다. 정신건강복지법 시행 이후에 215일로 감소했지만 입원환자 수에는 큰 변화가 없었다. 10년 이상 된 입원환자는 『국민일보』 2020년 5월 26일 자 이슈&탐사의 보도에 따르면 1만 4,890명이었다. 입원병상도 전 세계 정신건강제도의 흐름을 역행해 2016년 기준 1.25병상으로 OECD 회원국 가운데 5위를 차지하고 있다.

앞서 살펴본 것처럼 정신병원은 '치료'가 아닌 '감금'이 목적인 것처럼 운영된다. 따라서 과연 이중에서 치료다운 치료를 제공하는 정신병원은 얼마나 될 것이며, 정말 치료를 위해 병원에 입원해 있는 사람은 얼마나 되겠는가.

국가는 입원 일수와 병상의 증가가 치료받을 권리의 확대고, 그들이 질 좋은 치료를 받고 있다고 믿고 싶을지도 모른다. 하지만 치료 명목으로 국가는 턱없이 부족한 비용을 지급할 뿐이다. 건강보험 환자를 위해 지급되는 치료비는 다른 과나 다른 나라와 비교했을 때 턱없이 적다. 더구나 국가가 의료급여 환자에게 지급하는 치료비는 건강보험 환자에게 지급하는 치료비의 60퍼센트에 불과하다.

이는 심각한 문제다. 의료급여 환자는 건강보험 환자에

비해서도 차별받고 있으며, 이 비용마저 정말 치료를 위한 비용인가 의심스럽다. 2019년 정신보건예산은 전체 보건 분야 예산 가운데 1.5퍼센트로 책정되었다. WHO가 권고하는 5퍼센트에는 턱없이 부족하다. 문제는 이러한 의료급여 환자가 많다는 것이다. 2000년대를 살펴보면 정신보건시설에 입원, 입소해 있는 사람의 60퍼센트는 의료급여 환자였다. 2017년만 해도 66.9퍼센트에 달하는 5만 1,629명이 의료급여 환자였다. 요양원의 경우는 더 심각해 전국 59개소인 정신요양시설의 경우 전체 입소자 가운데 86.7퍼센트가 의료급여 환자였다.

이는 맹목적으로 수익을 추구하는 일부 병원의 책임도 있지만 이들을 적절히 관리할 관리 체계와 정신건강 정책이 부족하기 때문이다. 정신보건법 제정부터 줄기차게 입원 중심이 아닌 지역사회 중심의 정신건강 정책을 외쳐 왔지만 충분한 실천도 성과도 없었다.

여전히 치료는 입원 중심이고, 정신질환자를 사회에서 격리해야 사회의 안전을 보장할 수 있다는 사회 방위적인 시각이 남아 있다. 사실상 국가가 가장 적은 돈으로 최소한의 질을 유지하기 위한 방법이 바로 정신병원이다. 국가

권력이 정신병원에 바라는 것은 치료가 아닌 불편한 존재들을 국가권력 대신 수용해주는 것이다. 이런 현실에서 자신이 살아가던 공간에서 자리를 빼앗기고 배제되는 수용에 대한 두려움은 결코 사라지지 않을 것이다.

정신질환자를 병원이 아닌 지역사회에서 살아가게 하려면 지역사회 재활 서비스 등 사회에서 살아가기 위한 총체적인 서비스가 마련되어야 한다. 하지만 우리나라는 아직도 제반시설이 미진해 입원에 의존한 치료가 이루어질 수밖에 없다. 우선은 정신병원이 변해야 한다. 좋은 치료를 제공하기 위해서는 기본적으로 이를 위한 충분한 치료비가 제공되어야 한다. 정신질환이라는 이유로, 의료급여 환자라는 이유로 차별을 받아서는 안 된다.

또한 단순히 국가가 환자에게 지급하는 치료비를 늘리는 것을 넘어서 개별 병원에서 제공하는 치료의 질을 관리할 수 있는 기준이 필요하다. 병원 내 서비스를 평가해 차등적으로 수가를 지급해야만 더 좋은 치료를 하는 병원들이 늘어날 것이다. 장기입원 환자를 막기 위해 지역사회로 유인할 수 있는 병원 내 다양한 서비스를 확충하고 이를 수가제도에 적용한다면 필요한 만큼 치료를 받는 환경이 마련될 것이다. 급성기에 따른 치료를 별도로 구분해 보다 더 적시에 집중적으로 개입해 만성으로 발전하는 것을 억제해야 한다.

짧은 기간에 '문명화'된 한국 사회를 살아간 정신질환자들은 '문명'의 관점에서는 받아줄 수 없는 존재가 되어 자신의 자리를 빼앗기고 정신병원으로 내몰렸다. 이러한 상황에서 누가 정신질환을 인정할까. 이제 우리는 어느 정도 조현병 등 중증 정신질환에 대해 알게 되었고 약물 치료 등으로 충분히 치료받을 수 있다는 것 또한 알고 있다. 하지만 중증 정신질환에 대한 수용 위주의 정책, 그 공포스런 배제의 두려움은 아직도 우리 모두의 생각 속에서 살아 있다.

정신병원은 진정 치료를 위한 공간이 되어야 한다. 병원에서의 치료도 치료다우면 좋겠다. 정말 힘들 때면 병원에 가 쉬면서 치료받고 회복해서 빨리 사회 속 나의 자리로 다시 돌아오는 게 아주 자연스럽고 당연한 사회가 되어야 한다.

# *4* 광폭한 치료가 남긴 상흔을 기억하라

## 캄보디아를 통해 본 정신의학과 정신질환자

나는 '세계의심장'이라는 NGO 단체에서 일하고 있다. 정식명칭은 '사단법인 우리동네 희망해외협력 사업단 세계의심장'으로 다소 길다. 이 단체는 수원시 정신건강공동체 '우리동네'와 대전의 '희망진료소'가 캄보디아를 지원하기 위한 목적으로 힘을 합쳐 설립했다. 대전의 희망진료소는 노숙인이나 쪽방에서 생활하시는 분 등 의료소외 계층을 위한 무료 진료와 치료 연계를 진행하는 단체로 나와 오랜 연을 맺고 있다.

'세계의심장'은 캄보디아 중부 캄퐁치낭주를 중심으로 한국에서 인력을 파견하고 캄보디아 현지 의사와 간호사를 고용해 사업을 진행하고 있다. 나의 주된 활동은 캄보디아 정신건강 사업의 일환으로 'Chain-Free Movement' 즉, 쇠사슬로부터의 자유다. 중증 정신질환자를 치료하고 캄보디아에서 지역사회 중심의 정신보건체계 구축을 지원한다. 정신질환에 대한 인식이 낮고 치료받을 수 있는 보건체계가 열악한 상황에서 매달 캄보디아 캄퐁치낭주 곳곳을 돌아다니며 방문 진료를 한다. 지금 소개할 환자도 방문 진료를 통해서 만나게 된 환자다.

캄보디아에는 정신병원이 없다. 수도 프놈펜에 있는 종합병원 이외에는 정신질환자가 입원할 수 있는 시설이 없다. 약물 치료나 다른 전문적인 치료를 받을 수 있는 기회도 제한적이라 대개 충분한 치료를 받지 못하고 가족이 감당하는 경우가 많다. 중증 정신병적 증상이 잘 조절되지 않으면 가족은 어쩔 수 없이 환자를 집 안에 묶어둔다.

내가 만난 남자도 묶였다 풀리기를 반복하며 쇠사슬에 13년간 묶여 있었다. 나는 마을에 묶여 있는 사람을 도와달라는 이웃의 요청으로 그를 처음 만났다. 남자는 내게 자신이 왜 묶였는지 잘 모르겠다며, 이렇게 묶여 있는 것보다 교도소에 가는 게 차라리 나을 것 같다고 말했다. 가족은 그가 마을 사람들을 폭행하고 기물을 부수는 등 폭

나는 캄보디아에서 정신건강 사업의 일환으로 'Chain-Free Movement'
즉, 쇠사슬로부터의 자유 운동을 펼치고 있다.
중증 정신질환자를 치료하고 캄보디아에서 지역사회 중심의
정신보건체계 구축을 지원한다.

력적인 행동이 심해져서 묶을 수밖에 없었다고 말했다. 왜 그런 행동을 했느냐는 질문에 남자는 캄보디아 총리인 훈 센의 목소리를 듣고서 그의 지시를 따랐다고 답했다.

그는 지금 서른세 살이다. 처음 조현병이 발병한 열아홉 살에는 온종일 동네를 배회하거나 오토바이를 타고 여러 마을을 끊임없이 돌아다니기도 했다. 산을 헤매고 다니느 라 며칠씩 집에 들어오지 않은 날도 많았다. 그는 점차 기 물을 부수고 집에 불을 질렀으며 아버지와 친척들을 주먹 이나 몽둥이로 때렸다. 아버지는 아들이 왜 그렇게 변했는 지 도무지 알 수 없었다.

주위 사람들은 그의 아버지에게 크루크마에kru-kgmae를 찾아가 보라고 했다. 캄보디아에서는 전통의술을 시술하 는 사람들을 크루크마에라고 부른다. 이는 우리나라로 치 면 전통의학과 토속신앙이 결합된 형태다. 의술을 행하지 만 무당의 속성도 지니고 있어 초자연적인 영역까지 다루 는 것이 특징이다.

아버지는 아들을 치료하기 위해 50명이 넘는 크루크마 에를 찾아갔다. 치료비는 경우에 따라 차이가 있었지만 보 통 한 번에 우리 돈으로 10만 원에서 20만 원 정도가 들었다. 아버지는 마을이나 인근 지역뿐 아니라 아주 먼 곳에 있는 크루크마에도 유명하다면 다 찾아다녔다. 발병하기 전 아들의 모습을 떠올리며 자신이 알던 아들로 돌아올 거라는 희망으로 매번 적지 않은 돈을 크루크마에에게 건넸다.

크루크마에의 치료법은 비슷한 방법부터 각자 고유한 것까지 각양각색이었다. 정화요법이라고 해서 신비로운 물을 뿌리는 방법이나 오래전부터 내려오는 전통 약물을 사용하는 경우는 비교적 흔했다. 이런 약재를 먹으면 설사와 구토를 하는 경우도 있었고 일시적으로 효과를 보기도 했지만 지속되지는 않았다. 조금 더 영적인 방법은 악령으로부터 아들을 보호하기 위해 끈으로 손발을 묶고 마법지팡이로 때리는 것이었다. 사실인지 확인할 길은 없지만 놀랍게도 아버지는 크루크마에가 아들을 때려 피가 나게 한 다음 피부에서 생선 가시를 뽑아내는 장면을 직접 보았다고 했다. 조금 더 드문 방법으로는 배터리 등을 사용해서 몸의 여러 부위에 전기 자극을 주는 것이었다. 이는 과거 정신질환 치료법으로 흔하게 사용했던 전기충격요법ECT를 떠올리게 한다.

크루크마에 혼자 힘으로 되지 않을 때는 절에서 스님을 초빙해 함께 의식을 진행하기도 했다. 머리에 원 모양의 주술적 물건을 두르고 악령을 쫓아내기 위한 주문을 외워 재앙에서 벗어나길 기도했다. 또한 아들을 무릎 꿇리고 아버지와 친척에게 자신의 잘못에 대한 용서를 구하는 의식도 행했다. 이러한 치료법들은 효과가 있는 경우도 있었고 일시적으로 증상이 완화되기도 했으나 시간이 지나면 다시 악화되기를 반복했다. 몇몇은 병원을 추천해주기도 해서 의사에게 진료를 받아봤지만 병원 치료도 별다른 효과는 없었고 의사도 방에 가둬놓는 방법을 제안했다.

아버지는 수많은 방법을 시도해도 아들의 증세가 나아지질 않자 힘든 마음에 아들이 빨리 죽기를 바라기도 했다. 가족으로서는 다른 방법이 없었다. 아버지의 손으로 직접 아들의 발목에 쇠사슬을 채웠다. 아들이 스물한 살이 되던 해였다. 이후 풀어주었다가 다시 묶기를 반복했지만 결국 아들의 행동을 감당할 수 없어 서른한 살부터는 줄곧 묶어둘 수밖에 없었다.

우리는 아들을 진료한 후 아들에게 약물을 복용하게 하고 현지 직원이 정기적으로 방문해 아들이 지내는 모습을 확인했으며 보호자 교육을 실시했다. 아들은 꾸준한 치료를 통해 쇠사슬에서 풀려났고 지금은 아버지와 어머니의 일을 도우며 자유롭게 생활하고 있다.

대부분 캄보디아 사람은 정신질환에 대한 인식 자체가 없다. 특히 시골 지역은 이것을 병이라고 생각하기보다 영적인 것에서 원인을 찾는다. 심지어 수도 프놈펜에서 간호학을 공부한 현지 직원에게 병이 왜 걸리는 것 같은지 물어보니 하느님에게 죄를 지어서 병에 걸렸다는 말을 한 적도 있다.

이러한 태도를 단순히 야만적이라거나 무지하다고 생각해선 안 된다. 과거 서양이나 우리나라에서도 이런 모습은 흔했다. 다른 수단이 없어 영적인 방법을 쫓아 굿을 하고 폭력적인 모습을 보이면 묶어두기도 했다. 정처 없이 마을을 배회하고 거리를 떠돌아다니던 사람도 많았다. 비단 과거의 일도 아니다. 지금도 우리나라 어딘가에서 벌어지고 있는 일이다. 나는 캄보디아를 보면서 서양과 한국의 정신의학과 정신질환자의 과거 모습을 본다. 크루크마에의 치료법은 대개 오래전에 우리가 자주 시도해온 방법들과 유사했다.

## 히포크라테스 '신성한 질환'이라고 꼬집다

과학이 발달하고 약물이 개발되어 정신질환 증상에 대한 치료는 가능하지만 대부분 원인은 여전히 밝혀지지 않았다. 뇌 속에 있는 세포들이 서로 연결되고 소통하도록 돕는 도파민Dopamine과 세로토닌Serotonin 등 신경전달물질의 불균형이 가장 널리 알려진 원인이지만 하나의 가설일 뿐이다. 1950년대 클로르프로마진Chlorpromazine이라는 정신병적 증상에 효과적인 약물이 우연히 발견되기 전까지 병의 원인은 물론 적절한 치료법도 알 수 없었다. 따라서 시대를 막론하고 어느 문화권이나 이해되지 않는 질환의 원인은 신이나 귀신 그리고 악령의 탓이라고 생각했다.

히포크라테스 선서로 유명한 고대 그리스의 히포크라테스는 의학의 아버지라 불리며, 철학이나 마술과 뒤섞여 있던 의학을 다른 학문과 구분짓고 의사라는 직업을 만들었다. 그가 주장한 사체액설은 중동과 유럽의 의학을 수십 세기 동안 규정지었다. 그가 정신질환에 대해 지녔던 통찰력은 지금 봐도 놀랍다.

당시 그리스 또한 이유를 알 수 없는 '광기'를 신의 뜻이라고 여겼다. 히포크라테스는 이를 비꼬듯이 광기를 '신성한 질환'이라 불렀다. 그는 다른 의학적 질환과 마찬가지로 정신질환의 원인을 생물학적인 측면에서 찾고자 했다. 사실 정신질환처럼 '놀랍고 당황스러운 질환'을 처음으로 신성화한 사람들은 주술사나 사제들이었다. 원인도 치료법도 모르는 이 질환을 아는 체하며 신성한 것으로 치부한 것이다. 당시 사제들은 질환을 치료하기 위해 갖가지 정화요법을 시행하고 주문을 외웠으며, 물을 이용하는 일종의 식이요법을 처방하기도 했다. 히포크라테스는 이처럼 신성한 질환을 치료하는 신성하지 않은 사제들을 날카롭게 꼬집었다.

"그런데 그들은 신적인 것을 빙자해서 이 모든 것을 정당화한다. 마치 자신들이 아주 많이 뭔가를 알고 있는 체하면서, 그리고 그 밖의 구실을 둘러대면서 그렇게 한다. 이는 [환자가] 건강해지면 평판과 경사를 제 것으로 하며, 환자가 죽으면 자신들의 방어가 안전하게 이루어지게 하고 자신들은 전혀 책임이 없고 신들에게 책임이 있다는 핑곗거리를 갖기 위한 것이다."*

히포크라테스는 정신질환과 관련해 최초로 생물학적인 태도를 견지한 의사일지도 모른다. 그는 분명하게 이러한 질환의 원인은 뇌에 있다고 말했다. 뇌를 통해 모든 즐거움과 기쁨, 비애와 비탄이 생겨나고 뇌에 문제가 생겨 미치거나 정신착란에 빠진다는 것이다. 지금 밝혀진 사실과는 조금 어긋나지만 그는 구체적인 원인으로 뇌의 습기를 지적하고 사체액설에 기반해 점액과 담즙이 광기를 유발한다고 추정했다. 미친 사람이 조용해지는 건 점액 때문이고 소리치고 일을 저지르며 조용히 하지 못하는 건 담즙때문이라는 것이다. 아마도 우울증과 조증의 상태를 설명하려 한 것 같다.

히포크라테스는 병의 치료로 섭생법을 제안했다. 생활전반에서 건조함과 습함 그리고 차가움과 따뜻함을 조정해야 한다고 했다. 그는 방혈, 설사제, 구토제를 사용해 균형을 조절할 수 있을 거라고 했다.

이러한 히포크라테스 그리고 이를 발전시킨 클라우디우스 갈레노스Claudius Galenus의 사체액설은 이후 수십 세기

* 히포크라테스, 여인석 · 이기백 옮김, 같은 책.

동안 서양 의학 전체를 지배했다. 다르게 말하면 서양 의학은 그리스 시대에 이룬 성취 이후 한 발짝도 더 나아가지 못했다는 말이다. 중세 암흑 시대에는 오히려 퇴보하기까지 했다. 기독교가 지배적이던 당시 신의 힘은 어느 때보다 컸다. 오늘날의 관점에서 의사라 칭할 만한 사람들이 신과 대결했지만 마지막은 언제나 신의 승리였다.

## 수용 치료의 역사

미셸 푸코Michel Foucault, 1926-84의 『광기의 역사』*Histoire de la folieà l'âge classique*는 "중세 말에 나병이 서양 세계에서 사라진다"*라는 문장으로 시작한다. 15세기에 들어 나병환자를 수용하던 수용시설은 자리가 비고, 그 자리를 성병환자가 메우게 된다. 여기에 정신질환자를 비롯한 부랑자와 걸인 등이 수용되었다.

물론 이전에도 유럽에는 치료가 아닌 관리를 위해 이들을 격리하는 소규모 시설이 곳곳에 있었다. 하지만 대규모

---

* 미셸 푸코, 이규현 옮김, 『광기의 역사』, 나남출판, 2003.

수용 제도는 17세기 후반에 이르러 본격화된다. 성병환자, 방탕한 사람, 낭비벽이 있는 사람, 동성애자, 신성모독자, 연금술사, 자유사상가 등 다양한 사람이 한꺼번에 사회에서 배척당해 수용소에 틀어박혔다. 시간이 흘러 하나둘 빠져나가고 광인만 남기 전까지 말이다.

18세기에 들어서 각종 치료법이 등장해 모든 신체 질환을 치료할 수 있다는 희망이 넘치기 시작했다. 하지만 광기는 조금 달랐다. 다른 분야와 달리 도무지 이해되지 않는 미지의 영역이 많았고, 뚜렷하게 효과를 보이는 치료법도 없었다. 그러다 광기를 치료하기 위해 감금하는 것이 효과적일 수도 있겠다는 생각을 하기 시작했다. 단순히 광인을 격리해 문젯거리를 안 보이는 곳에 치워버리는 게 아니라 수용 자체가 '치료적'일 수도 있다는 진지한 생각이었다. 수용을 기반으로 한 교육과 도덕적 훈육을 통해 광기를 다스릴 수 있다고 믿었다.

접근법은 조금씩 달랐지만 수용소에 감금하는 것으로 치료 효과를 보려면 규율에 따라 부과되는 일과 공동체 정신이 갖춰진 환경, 도덕적 훈육, 의사와 환자 간의 치료적인 관계 등이 있어야 했다. 이들은 이러한 치료를 '도덕 치료'

Moral Treatment라고 불렸고 이는 실제로 치료 효과가 있다는 점에서 전통적인 광인들을 위한 소규모 시설Mod House과는 구별된다고 믿었다. 광인을 위해 더 인간적이고 효과적인 치료법을 찾았다고 낙관했다.

'도덕 치료'를 시행하는 감호소는 유럽을 넘어 미국으로 전파되었고 유토피아적인 기대도 함께 뒤따랐다. 하지만 선의에서 출발했을지라도 그 끝은 결국 수용소의 범람으로, 치료가 아닌 단순 수용으로 참담하게 끝났다.

치료적 수용소는 분명 '치료적 요소'를 지니고 있었다. 정신질환을 지닌 사람이 안전하다고 여겨지는 장소에서 시간을 짜임새 있게 보내고 약물을 복용하면 실제로 증상이 완화되어 상태가 좋아지기 때문이다. 치료적 수용소의 지지자들 또한 수용소의 일차적 목적이 환자를 가둬서 관리하는 것이 아니라고 믿었다. 그러나 수용소에 밀려들어 오는 환자를 감당할 수 없었다. 수용소에는 정신질환자만 있었던 것이 아니었다. 당시에는 구분할 수 없었던 다른 장애뇌전증, 지적장애, 자폐장애 등를 지닌 환자가 뒤섞여 있었다.

그들은 환자들에게 친절과 겸손 그리고 배려가 담긴 태도를 강조하면서도 한편에서는 권위와 질서도 요구했다.

이는 점차 문제가 되었다. 누군가는 환자들이 받는 처우보다 수용소 안의 질서 유지에 더 큰 관심을 보였고 수용소의 환자가 늘어날수록 질서를 유지하기 위해 권위에 더 의지했다. 도덕 치료는 결국 수용소라는 폐쇄된 환경이 기반이었기 때문에 자연스럽게 관리와 통제 그리고 억압이라는 기제가 강화되었다. 수용소 치료, 즉 도덕 치료는 결국 치료법인 동시에 광기의 관리법이었던 것이다. 분명 수용소에서 치료받고 퇴원한 환자도 있었지만 치료적인 기능은 점점 더 떨어졌다.

도덕 치료는 곧 한계에 봉착했다. 이것이 과연 의학이될 수 있는지 의견이 분분했다. 가까스로 의학의 문턱에발을 디뎠던 정신의학은 다시 딜레마에 빠졌다. 정말로 광기는 치유할 수 없는가. 1907년 미국의 정신과의사 모임에서 좌장으로서 연설하기 위해 일어난 찰스 힐은 훨씬더 간결하게 시인했다. "우리의 치료법들은 쓰레기더미일뿐입니다."*

---

* 앤드류 스컬, 김미선 옮김, 『광기와 문명』, 뿌리와이파리, 2017.

# 열 치료

정신의학이 의학으로서 타올랐던 불꽃은 다시 사그라들었다. 정신의학계는 또 다른 대안을 찾아 나서기 시작했다. 도덕 치료 이후에는 각종 치료법, 특히 물리적인 치료법이 난무했다. 의학자들은 저마다 자신이 정신질환의 원인을 찾아냈고 정신질환을 끝장냈다고 주장했다. 정신의학과 관련된 첫 노벨상을 안겨준 열 치료를 시작으로 혼수요법, 경련요법, 전기충격요법, 뇌엽 절제술까지 지금은 무모해 보이는 시도를 지속했다. 이는 시대적인 맥락에서 이해해야 하지만 어떻게 치료가 행해졌는지 살펴보면 정말 비인간적이고 절망적이라는 생각이 든다. 이런 여러 시도가 오늘날의 정신의학과 정신질환자에게 끼친 상흔이 지금까지 지워지지 않고 있다.

19세기 말 빈Wien의 정신과의사 율리우스 바그너야우레크Julius Wagner-Jauregg, 1857-1940는 수용소 수련의 시절의 경험을 바탕으로 열을 이용하면 정신질환을 치료할 수 있다고 생각했다. 이를 위해 포도상구균Staphylococcus 등을 활용해 고열을 유도해 보았지만 항생제가 없던 시절에는 매우 위험한 시술이었기에 곧 중단되었다. 그러다가 삼일열 말라리아에 걸린 이탈리아인 전쟁 포로를 만나게 되면서 자신의 가설을 증명할 절호의 기회를 얻게 된다.

그는 전쟁 포로의 피를 뽑아 매독 3기 증상의 한 형태인 정신병성 전신마비에 시달리는 환자에게 주입했다. 매독 병원균인 스피로헤타Spirochaeta가 열에 약하다는 것과 말라리아의 증상이 고열이라는 것에 착안한 것이었다. 환자는 수차례 지속적인 고열성 발작을 겪었지만 이후 증상은 점점 사라졌다. 바그너야우레크는 일 년간의 연구 끝에 학회에 말라리아를 이용한 열 치료법 증례를 발표했다.

이러한 결과는 정신의학뿐 아니라 의학계 전체에 일대 사건이었다. 매독뿐 아니라 다른 정신질환도 치료가 가능할 것이라는 생각이 확실해졌다. 이러한 영향으로 바그너야우레크는 1927년 노벨상을 받았다. 이는 정신의학이 받은 최초의 노벨상이었다.

하지만 얼마 지나지 않아 페니실린이 매독 환자의 획기적인 치료제가 되면서 말라리아 치료법은 중단된다. 말라리아 치료법은 절차가 복잡하고 돈이 많이 들었으며 무엇보다 부작용이 많고 위험한 치료였다. 환자는 죽음과 다름 없는 고열을 경험해야 했고, 치료에 사용한 말라리아를 잠재울 약인 퀴닌Quinine도 완벽하지 않았다. 페니실린의 등장으로 자연스럽게 이 치료법은 사라지게 되었지만 그 영향은 이후 정신의학계를 좌우했다. 실험실 연구의 가능성이 생긴 것이다. 이후 생물학적·물리적 치료법을 찾아내려는 연구가 촉발된다.

한편 최초의 노벨상 수상자 바그너야우레크는 제1차 세계대전 당시 포탄쇼크, 즉 포탄의 공포로 실어증 등의 증상을 보이는 병사에게 가혹한 전기충격요법을 시행했다가 전쟁이 끝나고 군인들에 의해 전범으로 기소되기도 했다.

## 국소감염 원인 제거

미국의 헨리 코튼Henry Cotton, 1876-1933은 미국 정신의학의 대부 아돌프 마이어Adolf Meyer, 1866-1950의 제자이자, 그의 후원으로 알로이스 알츠하이머Alois Alzheimer, 1864-1915와 에밀 크레펠린Emil Kraepelin, 1856-1926 등 당대 정신의학의 거두에게서 훈련받았다. 모두 정신의학 역사에 이름을 남긴 대단한 사람들이었다. 그렇다면 코튼의 이름도 이들처럼 빛나고 있을까. 정신의학 역사에서 코튼의 이름은 어떻게 남아 있을까.

코튼은 정신질환의 원인을 신체의 장애와 세균에 있다고 굳게 확신했다. 만성 감염이 만들어낸 독소가 혈류를 타고 뇌로 흘러 들어가 뇌에 문제를 유발해 정신질환이 발생한다고 주장했다. 따라서 치아와 편도선 등 국소감염에 취약한 부위를 제거해야 정신질환을 치료할 수 있다고 주장했다.

코튼은 뉴저지주의 주도인 트렌턴으로 부임하면서 자신의 가설을 본격적으로 실행한다. 그에게는 확고한 믿음과 이를 실습할 수 있는 장소와 지위 그리고 거리낌 없는 추진력까지 있었다.

코튼은 몇 년 사이 대부분 병원 환자에게 국소감염의 원인을 제거하기 위한 시술을 실시했다. 처음 시작은 치아였다. 이를 뽑은 것이다. 치료 효과가 원하는 대로 나오지 않자 그는 감염이 너무 멀리 퍼졌기 때문이라고 결론짓고 수술 부위를 편도선, 위장 등 신체 전반으로 확대했다. 특히 장내 세균을 통한 감염을 정신질환의 중요한 원인으로 보고 장 절제술을 전면적으로 시행하는 등 공격적인 치료를 이어 나갔다. 당시에 코튼이나 로버트 그레이브스Robert Graves, 1796-1853 등 만성 감염을 원인으로 지목한 의사들은 정신의학을 이끌어가는 최첨단 의학으로 의학계의 칭송을 받았다.

코튼은 치료율이 80퍼센트가 넘는다고 주장했지만 이후 조사를 통해 명백한 허위임이 드러났다. 오히려 수술을 받지 않은 환자의 치료율보다 낮았으며 수술받은 환자의 40퍼센트 가까이가 사망했다. 30퍼센트 정도는 여전히 입원 치료 중이었다. 이러한 결과가 조금씩 뚜렷해졌는데도 미국 정신의학계의 침묵 아래 위험한 치료는 몇 년 더 지속되었다. 그는 의사로서 명성을 얻겠다는 자신의 욕심 때문에 자신의 오판을 보지 않으려 했다. 어쩌면 그는 정말로 이런 치료가 효과가 있었다고 믿었을 수도 있다. 그가 지니고 있던 믿음이 다름 아닌 정신병적 망상이었는지도 모른다.

## 전기충격요법

물리적 치료법은 혼수요법과 쇼크요법을 지나 종래에는 전기충격요법으로 이어졌다. 전기충격요법은 'Electroconvulsive therapy'이며 흔히 ECT라고 알려졌다. 당연히 과거와는 다른 형태지만 지금도 치료에 반응하지 않는 중증 우울증에 효과적이라 제한된 형태로 사용하는 치료법이다.

전기충격요법은 뇌에 통과시킨 전류로 뇌전증 발작을 일으켜 치료적 효과를 얻는 방법이었다. 1938년 이탈리아 의사인 우고 체를레티와 루치오 비니에가 사람에게 처음 시도했고, 곧 전 세계로 급격히 퍼져 나갔다. 초기에는 치료대 위에서 전기충격으로 몸부림칠 때 골절이 올 위험이 높아 1942년부터 근육 이완제를 함께 사용하기 시작했다.

켄 키지Kenneth Kesey, 1935-2001의 소설과 영화로 유명한 『뻐꾸기 둥지 위로 날아간 새』*One flew over the cuckoo's nest*에서도 병원의 질서를 유지하기 위한 벌칙으로 전기충격요법이 사

---

* 켄 키지, 정회성 옮김, 『뻐꾸기 둥지 위로 날아간 새』, 민음사, 2009.

용된다. 당시에는 마취를 할 수 없는 환경에서도 시행되었기에 치료는 두려움의 대상이 되었다. 당연히 환자에게 자세한 설명을 하지 않았고 환자의 동의도 받지 않았다. 이 시술은 공격적인 치료의 대명사가 되었다. 이러한 치료가 대중문화를 통해서 소개되자 정신의학계 내부에서 반反정신의학을 주장하는 목소리가 커졌다. 인권 문제가 대두되며 대중과 언론의 집중 공격을 받았다. 이후 전기충격요법은 급격히 감소한다.

## 전두엽 절제술

포르투갈의 신경과 의사 안토니오 모니스Antonio Moniz, 1874-1955는 1935년 11월 처음으로 환자의 머리뼈에 구멍을 뚫은 후 알코올을 주입해 뇌 조직을 파괴하는 수술을 진행했다. 이후 추가로 20명을 더 수술했는데 이때는 전두엽 백질의 일부를 절제切除했다. 수술받은 환자에게서 배뇨와 배변 장애, 방향감각 상실 등 여러 부작용이 발생했지만 모니스는 이를 일시적인 문제로 일축했다. 모니스는 전두엽 절제술을 받은 20명의 환자 가운데 70퍼센트가 호전되었다고 주장했지만 상세한 내용은 밝히지 않았다.

모니스의 영향을 받은 미국의 신경과 의사 월터 프리먼 Walter freeman, 1895-1974과 제임스 와츠James Watts, 1904-1994가 미국에 전두엽 절제술을 들여왔다. 프리먼은 정신병원에 가득 차 있는 환자들을 최대한 빨리 줄이기라도 하려는 듯 시간을 획기적으로 단축한 '경안와 뇌엽 절제술'Transorbital Lobotomy, 즉 '경안와 전두엽 절제술'을 고안했다. 이 방법은 안구를 통해 절제할 뇌 부위로 들어가는 것이다.

1949년 모니스는 노벨 생리의학상을 수상했다. 정신의학 영역에서는 두 번째로 수상한 노벨상이었다. 간편한 수술과 단축된 시간 그리고 명예로운 상 덕분에 전두엽 절제술은 미국 전역으로 퍼져 나갔다. 1953년까지 미국에서 2만 명 이상이 전두엽 절제술을 받았다. 하지만 전두엽을 절제했다기보다 파괴한 것에 가까웠고 부작용은 심각했다. 전두엽 절제술은 과격한 행동을 보이는 환자를 가라앉게 했지만 대개 판단력이 손상되고 사회적 기능을 상실했으며 감정이 둔해졌다. 뇌의 전두엽 기능이 상실되면서 환자의 자아도 함께 상실된 것이다. 수술을 받던 중 뇌혈관 파열로 사망하는 환자도 있었다.

20세기 정신의학은 안전이 확보되지 않은 상황에서 어째서 이처럼 무모한 치료법을 경쟁적으로 시도했을까. 그들이 지니고 있던 마음은 정신의학계에 이름을 남기겠다는 공명심이었을까. 남들보다 먼저 성공하려는 조바심 때문에 '작은 문제'는 덮어두어도 되었을까. 아니면 정말로 정신질환으로 고통받는 환자를 돕고자 하는 선한 의도였을까. 무엇을 얻고자 했는지는 알 수 없어도 가능성이 있다는 가설만으로 부작용을 숨기고 실험 결과를 조작하면서까지 환자를 대상으로 위험한 시도를 했다는 사실 자체는 용서받을 수 없다.

## 수용에서 탈수용화로

인류가 정신질환자를 대한 태도는 역사에 고스란히 적혀 있다. 신의 저주에서부터 배제와 강압이 난무한 수용소 시대를 거쳐 각종 위험한 치료법이 난무한 시기까지 수많은 폭력적 치료가 상흔처럼 남아 있다. 이 모든 것이 정신질환 안에, 특히나 조현병 안에 선명하게 새겨져 있다. 지난 폭력적 세기 동안 환자들은 단지 실험동물처럼 여겨졌고 의사들의 명예를 위한 소모품으로 처분되었다.

뇌와 신체를 무자비하게 들쑤신 공격적인 치료법들이 남긴 것은 무엇일까. 경악할 만한 이러한 치료법을 바라봤던 대중들의 머릿속에는 어떤 생각들이 각인되었을까. 반정신의학은 왜 정신의학계를 넘어 대중에게까지 일어났는가. 지금까지 정신과 치료를 기피하고 혐오하게 만든 사람들은 누구인가.

실험적인 치료법들을 시행했던 의사들은 어쩌면 효과가 있을지도 모른다는 생각에 제대로 입증되지 않고 안전이 확보되지 않은 상태에서 위험성이 높은 치료법을 대단위로 시행했다. 그들은 자신들의 행위가 정당하다고 믿었을지도 모른다. 보고 싶은 것만 보고 효과가 있다고 스스로 굳게 확신했기 때문이다. 그들은 자신이 시행한 치료의 효과를 과대 포장해 선전했다. 무엇이 이들을 이렇게 '미치게' 만들었을까. 더 놀라운 것은 의학계 전체가 입을 맞춰 잘못을 알고도 숨기고 비슷한 잘못을 반복적으로 지속했다는 점이다.

수용 위주의 치료나 앞서 소개한 강압적 치료 자체의 문제도 심각하지만 가장 큰 문제는 같이 살고 싶지 않은 자들을 치워버리려는 목적으로 수용을 악용하고, 치료자의 권위를 내세워 처벌을 목적으로 행해지는 강압적 치료다. 이는 용납할 수 없는 명백한 범죄다. 이러한 정신병원은 치료를 위한 공간이라기보다 환자를 감금해놓고 길들이기 위한 공간이다.

강압적인 치료를 벌칙으로 활용하는 정신병원은 교정기관보다 더 공포스러운 곳이다. 보다 더 안타까운 점은 이러한 모습들이 시대를 거치며 쌓이고 쌓여 정신병원이 정신질환을 앓고 있는 사람들에게 부정적인 이미지로 각인되었다는 점이다. 이제 정신병원은 공포스러운 곳, 어느 누구도 가길 꺼리는 곳이 되었다.

다행스럽게도 1960-70년대를 지나며 서구는 수용 위주의 정책을 단념하고 본격적으로 탈수용화 정책을 시작한다. 그 과정에서 환자의 퇴원과 재입원이 반복되는 '회전문 현상'이 사회문제로 부각되어 반발이 있었지만, 결국 각국마다 지역사회 중심의 정신보건체계가 자리를 잡았다.

우리나라 또한 정신보건법을 제정하면서 수용이 아닌 지역사회 중심의 정신보건체계를 선언했고 지난 20-30년간 느리지만 꾸준히 지역사회 중심의 정신보건체계로 변화하고 있다고 평가한다. 아쉬운 점은 서구에서 수용 정책의 문제점을 깨닫고 탈수용화를 견인한 것이 1960, 1970년대인데 우리는 서구에서 이미 실패한 수용 위주의 정책을 답습한 채 정신보건의 역사가 발전해왔다는 사실이다.

수용 중심의 정신의학 체계는 정신의학 체계상의 발전 과정에 해당하는 것일까. 경제적인 측면에서 수용화는 당연한 과정인 것인가. 이에 대해서는 논의가 필요하지만 적극적인 수용 위주의 정책이 남긴 상흔이 너무나 뼈아파서 조금 더 나은 방향은 없었을까 하는 아쉬운 마음이 남는다.

# 5 환청, 진짜 목소리를 듣다

## 정신분열병에서 조현병으로

한 개인이 이름을 바꾸는 이유는 뭘까. 가장 흔한 이유는 아마 이름 자체가 촌스러워서 남들에게 불리기가 싫은 경우일 것이다. 또 이름을 바꾸면 일이 잘 풀린다는 얘기를 듣고 자신의 운명을 바꾸고자 하는 목적도 있을 수 있다. 이름이 같은 사람이 악명을 떨쳐 듣는 사람에게 거부감을 불러일으켜 이름을 바꾸는 경우도 있을 법하다.

2011년 정신분열병은 조현병으로 병명이 개정되었다. 대한정신분열학회, 대한신경정신의학회, 사회복지사협회, 임상심리학회, 그리고 관련된 여러 가족협회와 변호사 등이 참여한 '정신분열병 병명개정위원회'가 3년 6개월에 걸친 노력 끝에 거둔 성과다.

병명을 바꾼 이유도 사람이 이름을 바꾸는 이유와 같다. 우선 정신분열병이라는 이름 자체가 실제 병을 잘 나타내지 못한다. 잘못된 병명이다. 듣는 사람이 오인하게 하는 이름이기도 하다. 정신분열은 말 그대로 마음이 찢어지고 갈라진다는 의미인데, 사실 그런 병이 아니다. 그동안 정신분열병이라는 이름 자체에 너무 많은 오명이 덧씌워져 있었다. 사람들은 병에 거부감이 있었고 사회적 편견과 낙인도 컸다. 병으로 고통받는 사람들도 병원을 찾지 않아 치료 시기를 놓쳤다.

정신분열병의 새로운 이름인 조현병에서 조현調絃이라는 용어는 거문고의 현을 고른다, 조절한다는 의미다. 조현병이 도파민과 세로토닌 등 신경전달물질이 매개하는 뇌신경망 이상에서 발생한다는 점에서 뇌신경망이 너무 느슨해지거나 단단해지지 않고 적절하게 조율되어야 한다는 뜻이 담겨 있다. 또한 현을 고른 악기가 좋은 소리를 내듯 병으로 인한 정신의 부조화도 조절을 잘하면 된다는 희망적인 메시지도 담아 기존의 정신분열병이라는 병명이 주던 잘못된 편견을 바로잡으려고 했다.

그렇지만 호박에 줄 긋는다고 수박이 되지 않듯이 여전

히 '조현병'에 대한 편견은 팽배하다. 한번 잘못 명명된 병명으로 인한 편견이 굳어 병명을 바꿔도 효과가 없는 것일까. 아니면 원래부터 정신질환이 지닌 부정적인 인식 때문에 어떠한 이름으로 불리든 거부감이 있는 것일까. 결국 이름만 바꿔서는 안 되고 조현병에 대한 잘못된 인식을 개선해야 한다. 이름을 바꿀 때 들였던 비용보다 훨씬 많은 비용을 들여 인식 개선 사업을 하고, 이들을 잘 치료하고 돌봐 사회 전체가 조현병을 대하는 태도를 바뀌게 해야 한다. 이름을 바꿨다고 기존에 존재하는 편견이 사라지지는 않는다.

조현병은 잘 지은 이름이지만 현재는 정신분열병의 편견 등 나쁜 유산을 고스란히 물려받은 채 폭력적인 존재, 잠재적 범죄자로서의 공포감마저 덧씌워진 상태다. 가히 '조현병 포비아'라고 불릴 만하다. 사람들은 조현병 환자를 '잠재적 범죄자' '광폭한 살인자'로 생각한다. 조현병에 대한 잘못된 인식에서 비롯한 공포는 망상에 가깝다. 오히려 사회가 광기에 빠진 것은 아닌지 걱정된다. 이러한 사회의 '조현병 포비아'를 어떻게 치료할 수 있을까.

그렇다면 조현병은 무엇일까? 우리는 조현병에 대해 얼마나 알고 있을까? 조현병에 대한 여러 얘기는 정말 사실일까?

조현병은 아직 명확한 원인이 밝혀지지 않았지만 조현병을 지닌 사람들의 공통 증상을 묶은 조현병 진단기준이 있다. 여러 학자가 각자의 진단기준을 내세웠지만 현재 가장 보편적으로 통용되는 진단기준은 미국정신의학회에서 발간하는 DSM-5에 제시된 기준이다. 이 진단기준을 요약 정리하면 다음과 같다.

## 조현병 진단기준

A. 증상 기준

다음 중 2가지 증상이 1개월 이상 지속된다.

1. 망상
2. 환각
3. 와해된 언어
4. 와해된 행동 또는 긴장성 행동

5. 음성 증상

B. 사회적·직업적 기능의 손상

직업, 대인관계 또는 자기관리 영역 가운데 하나 이상에서 이전에 비해 심각하게 기능 수준이 저하된다.

C. 6개월 이상 조현병의 징후가 지속(1의 기준을 만족하는 기간 및 전구 증상이나 잔류 증상을 포함)된다.

D. 배제기준: 조현 정동장애, 정신병적 양상을 동반한 우울 또는 는 양극성 장애

E. 배제기준: 약물이나 기타 내과적 질환

F. 자폐 스펙트럼 장애, 전반적 발달 장애의 경우, 뚜렷한 망상이나 환각이 1개월 이상 지속될 경우

---

조현병의 양상을 보면 같은 병이라고 생각하기 어려울 정도로 그 모습이 다양하다. 망상, 환각, 언어 및 행동의 와해, 음성 증상 등이 복합적으로 이루어져 있다. 모든 증상을 한꺼번에 보이는 환자도 있지만 보통 일부만 나타난

다. 조현병에만 나타나는 증상이 없고 다른 장애와 겹치는 부분도 있기 때문에 상당히 혼란스럽다. 조현병의 시작과 경과도 사람마다 판이하게 다르다.

조현병의 핵심적인 증상은 망상과 환각이다. 망상은 불합리하고 사실과는 다른 잘못된 생각을 뜻하며 이성적·논리적인 설명으로 바뀌지 않는 단단한 믿음이다. 어떠한 증거도 망상과 관련해서 해석하기 때문에 망상을 떨치지 못하고, 시간이 흘러 '자신만의' 증거들이 쌓이면 망상은 점점 더 확고해진다. 환각은 외부의 자극이 없는데도 감각 자극을 느끼는 것이다. 환시, 환청, 환촉, 환미, 환후 등 우리가 지니고 있는 모든 감각이 환각으로 나타날 수 있지만 조현병에서는 환청이 제일 많고 환시가 그다음이다.

망상과 환각을 명확하게 분리하기 어려운 경우도 많다. 망상이 환각의 영향으로 나타날 수도 있고, 망상으로 환각의 내용이 결정되기도 한다. 두 증상이 서로 상호작용하며 형성되거나 강화되는 경우도 있다. 그렇다고 망상과 환각이 늘 함께 나타나는 것도 아니다. 둘 중 하나만 있을 수도 있다.

이제 여러 사례를 통해 조현병의 가장 일반적인 증상인

망상과 환각이 나타나는 양상을 살펴보자.


## 무언가가 들리고 보이는 일

### 사례 1

나는 중학교 때부터 왕따를 당했다. 고등학교 1학년이 되었지만 친구들의 따돌림은 지속되었고 폭력을 당하기까지 했다. 내가 따돌림으로 너무 불안하고 우울하다며 등교를 거부하자 엄마는 학교에 찾아가 담임선생님을 만났다. 가해학생으로 지목된 아이는 장난으로 한 행동이라며 당황해했고 억울하다고 호소했다. 다른 친구들도 장난이었다고 한목소리를 냈다. 담임선생님은 심각한 따돌림이나 폭력은 없었다며 내가 무언가 오해한 것 같다고 말했다. 엄마는 학교와 담임선생님에게 화가 났지만 나의 말 말고는 증거가 없었기에 별다른 도리가 없었다.

하지만 이후에도 비슷한 일들은 반복되었다. 나는 따돌림과 폭력을 당했고, 담임선생님과 아이들은 따돌림이나 폭력은 없었다고 했다. 똑같은 일이 반복되고 증거를 찾을 수 없자 엄마는 처음과 달리 나의 말을 전적으로 믿기가 어려웠던 것 같다. 엄마는 나를 데리고 병원에 갔다.

나는 정신과 면담에서 중학교 때부터 왕따를 당해왔다고 이야기했다. 나를 곱지 않게 여겨 악의적으로 나쁜 소문을 냈던 같은 반 친구와 나를 쓰레기라고 놀리며 뒷담화를 하는 친구가 있었고 담임선생님에게 이런 얘기를 해봤지만 선생님은 내가 예민하게 받아들인 것이라고 했다. 나는 실망해서 결국 혼자 지내기로 마음먹었고 그렇게 중학교를 졸업했다.

고등학교에 올라간 뒤 친구들과 잘 어울려 보려고 다짐했다. 나의 성격을 바꾸려고 노력하고 활달해 보이는 아이들과 어울렸다. 하지만 나는 친구들에게 순간적으로 거친 말을 하거나 다소 과격한 행동을 하기도 했다.


조현병에서 갑자기 망상이나 환청을 경험하는 경우는 드물다. 심각한 정신과적 증상이 나타나기 이전에 대인관계에서 어려움을 겪거나 학교생활이나 일상생활에 적응하기 힘들어하는 모습을 보인다. 이로 인해 기분 변화가 심해지고 짜증이 많아진다. 이렇게 어려움이 쌓이면 환청과 망상이 나타난다.

　나를 싫어하는 누군가가 나를 욕한다는 생각이 의심에서 확신으로 향할 때 망상이 사고를 지배하게 된다. 누군가 나를 지속적으로 감시하고 있다는 느낌을 받기도 한다. 망상의 내용을 비슷한 성격끼리 묶을 수도 있지만 사람마다 세부적인 내용은 각기 다르다.

　환청은 망상과 연관될 수도 있고 아닐 수도 있다. 물론 망상과 관련되어 있는 경우가 많다. 자신이 숨기고 싶은 콤플렉스, 남에게 말하기 어려운 고민, 스트레스 등이 목소리의 형태로 들리는데 이는 실제 내 생각인지 환청인지 구분하기 어렵다. 나를 욕하는 소리가 분명 들리는데 방 안에는 나 혼자 있고 말하는 사람을 찾을 수 없는 경우가 많다.

　환청은 실제 소리 자극 없이 뇌에서 소리를 인식하는 것으로 당사자는 실제 소리를 듣는 것으로 인식한다. 목소리의 성별이나 나이 그리고 발화자의 숫자를 구분할 수 없는 경우도 있지만 명확하게 구분할 수 있는 경우도 있다.

사람에 따라서는 소리가 구체적으로 들리는 게 아니라 뇌속에 살짝 스치는 것처럼 묘사하기도 한다. 꿈에서 듣는 소리처럼 깨어 있는데 마치 꿈속에서 소리를 듣는 것 같다는 것이다.

면담이 어느 정도 진행되었을 때 의사 선생님이 내게 물었다. "혹시 혼자 있을 때 목소리를 들은 적은 없니?" 나는 깜짝 놀라 멈칫했다. 의사 선생님은 말을 잇지 못하는 내게 비슷한 경험을 한 다른 아이들의 이야기를 들려주었다. 자신의 생각을 누군가가 따라하는 목소리를 경험했던 아이의 이야기. 집 밖에서 자신을 부르는 목소리가 들려 밖을 확인해봐도 아무도 없어 텔레파시라고 생각했던 아이의 이야기. 자신의 머릿속에 누군가의 목소리가 있어 자신이 했던 무의식적인 생각을 따라하는 것 같다고 생각한 청년의 이야기 등이었다.

의사 선생님은 자신이 경험한 환청과 유사한 지각 경험을 이야기해주었다. 수련의 시절 당직을 서는데 병동에 급성기 증상을 보이는 환자가 한 번에 여럿 입원했다. 응급 호출이 있을 것 같아 신경을 곤두세우고 있는 중에 호출 소리가 울린 것 같아 확인해보면 아무 연락도 없었던 경험이 수차례였다는 것이다. 묵묵히 얘기를 듣던 나는 조심스레 말을 꺼냈다.

2달 전인 3월 말쯤 모르는 사람의 목소리가 들렸다, 주로 욕하는 목소리였고, 한 사람이 아닌 여러 사람의 목소리였다. 때로는 나를 칭찬하고 격려하는 목소리도 들렸지만 주로 나의 우울과 불안에 동조해 더 깊은 어두움으로 인도하는 목소리였다.


목소리는 귀로 들리는 것뿐 아니라 마음 어딘가에서 전달되는 생각처럼 느껴지기도 하고 텔레파시처럼 여겨지기도 한다. 갑자기 어떤 멜로디나 곡이 무의식적으로 떠올라 머릿속에서 계속 반복되는 현상으로 비유할 수 있다. 특정 곡을 떠올리려고 한 것이 아닌데 이미 떠오른 곡을 멈추는 게 어려웠던 적이 있을 것이다.

마찬가지로 환청도 자신이 떠올리려고 한 적 없지만 자신의 의지나 생각으로는 멈출 수 없다. 한 가지 차이가 있다면 환청과 대화가 가능한 경우가 있다는 것이다. 물론 환청이 꼭 사람의 목소리는 아니다. 공사장의 기계음일 수도 있고 단순히 '삐-'하는 소리일 수도 있다. 환청을 듣는 방법도 외부적·내부적으로 다양하다. 사람에 따라 경험하는 상황이 각자 다르기 때문에 '환청'이라는 용어에 다 담을 수 없다. 따라서 글자 그대로만 이해하려고 해서는 안 된다. 각자의 경험들은 개별적이고 모두 유일한 경험이다.

### 사례 2

목소리는 주로 방 안에 혼자 있을 때 들려요. 창문 밖에서 나는 소리인 줄 알고 확인해보기도 했지만 아무도 없었어요. 혹시 누가 방 안에 스피커를 달았는지 확인해보기도 했어요. 어느 날은 귀신인 줄 알고 너무 무서워서 이불을 뒤집어쓰고 숨기도 했어요. 시간이 지나고 그런 목소리를 계속 듣다보니까 익숙해지긴 했지만 혼자 생각하고 싶을 때도 목소리가 들리니까 집중을 못 하겠고 밤에는 잠자는 데 방해도 되고 힘들었어요. 시간이 지나면 지나가겠지 생각하면서 없어지기를 바랐어요.

내게 미쳤다고 할까봐 아무에게도 말을 못 했어요.

부모님이 이런 사실을 알게 되면 걱정하실까봐 말하지 못했어요. 다른 사람이 들을 수 없는 목소리를 듣는다는 건 지키고 싶었던 비밀이에요. 소리가 들리는 게 정상이 아니라는 것을 알고 있어요. 이게 알려지면 부모님은 물론 친척도 알게 되고 학교 친구, 아빠 회사 사람들도 다 알게 될 것 같았어요. 그러면 학교도 못 다니고 생활도 어려워질 거라고 생각했어요. 계속 나를 괴롭히는 소리 때문에 잠도 못 자고 너무 힘들었어요. 소리가 없어지지 않으면 어떻게 하나 불안했어요. 그래도 혼자서 싸울 수밖에 없었어요.

환청을 경험하는 대다수 사람이 왜 가족이나 친구에게 도움을 청하는 것을 거리낄까. 그들은 대부분 주변 사람을 실망시키거나 걱정을 끼치고 싶어 하지 않는다. 자신의 경험을 어떻게 말해야 할지도 모르고 사람들이 믿어 주지 않을 거라고 생각한다. 자신을 미친 사람으로 취급할 것이라는 생각에 정신과의사를 비롯한 전문가도 믿을 수 없게 되고 말을 하면 자신의 어려움이 더 복잡해지고 사태가 악화되기 때문에 참는 것이 가장 좋은 해결책이라고 생각한다.

## 사례 3

아빠와 동생하고 마트에 갔을 때 뒤에서 누가 부르는 것 같아 돌아보았어요. 이상한 할머니가 보였는데 날씨에 맞지 않는 두툼한 옷을 입고 있었어요. 나와 눈이 마주치니 할머니가 뒤돌아서 도망갔어요. 순간 내가 잘못 본 건지 헷갈려 아빠에게 말할까 생각했지만 말해봤자 할머니는 이미 없을 거고 증명할 수도 없으니 그냥 넘기는 수밖에 없었어요.

이런 경험들이 반복되었어요. 첫 경험만큼 괴롭지는 않았어요. 그러다 보니 당연히 병이라고는 생각지 못했어요. 그냥 내가 미친 것 아닌가 생각했어요. 정신병원에 갇히는 게 아닌가 너무 무서웠어요. 하지만 다른 방법을 알지 못했어요.


환자가 환각 경험에서 느끼는 당혹감과 두려움 그리고 어려움을 풀어나가기 위해서는 당사자가 자신의 힘든 경험을 믿고 말할 수 있는 사람이 많아져야 한다. 환각을 처음 고백할 때나 이후에 경험할 때도 마찬가지다. 치료자는 물론 가족이 그러한 역할을 맡아야 한다. 같은 경험을 공유한 당사자라면 더 특별하다.

환자들은 나만 이러한 말 못 할 경험을 한 게 아니라는 사실을 알고 안도한다. 때로는 서로의 경험을 공유하며 많은 위로를 받기도 한다. 이런 경험은 환자들에게 숨길 수밖에 없었던 경험이 미친 사람이라는 결정적인 증거가 아니라 마음이 아플 때 누구에게나 충분히 일어날 수 있는 경험으로 받아들이게 한다.

대부분 환자 가족은 없는 것이 보이거나 들리지 않는 소리가 들리는 경험에 대해 들었을 때 깜짝 놀라고 심각하게 반응하며 감정을 과다하게 표현한다. 물론 무언가가 보이고 들린다는 데 침착할 사람은 그리 많지 않다. 그렇지만 우리가 혼란스러운 만큼 용기 내서 말한 당사자는 더욱 극심한 혼란을 경험한다는 사실을 기억해야 한다. 환자들은 이해받지 못할 것이라는 생각 때문에 말하기 힘들어하지만 역시나 이해받고 싶기 때문에 말을 꺼낸다.

나는 '환각' '환시' '환청'이라는 용어가 이상함 또는 괴이함과 연관되고 그리하여 지니게 되는 파급력을 우려해 환자 가족에게 가급적 이러한 용어를 쓰지 않는다. 가족이 환자의 경험을 이해하고 충분한 지지자와 조력자가 되어

줄 수 있도록 설명해준다.

### 사례 4

혼자서 중얼거리면 내 목소리에 묻혀 다른 목소리가 들리지 않았어요. 그래서 혼자 중얼거릴 때가 많아졌어요. 나름 효과는 있었어요. 하지만 부모님이나 학교 친구들이 중얼거리는 소리를 들으면 내가 미친 사실을 알게 될까봐 조심스럽게 중얼거려야 했어요.

환각을 경험하는 당사자가 편한 마음을 지닐 수 있게 해야 한다. 감정적으로 안정이 되지 않으면 환각의 빈도도 더 늘어난다. 어떤 환자는 자기 목소리로 환청을 덮으려고 혼자 중얼거린다. 음악이나 라디오를 들으면 환청이 사라져 수시로 귀에 이어폰을 꽂는 환자도 있다. 외부 소리에 상관없이 환청이 들리는 환자도 있어 걷거나 뛰는 방법으로 환청을 희미하게 하기도 한다. 이처럼 각자가 안정을 찾을 수 있는 자신만의 방법을 찾도록 도와야 한다. 그렇지 않으면 이들은 쉽게 혼란에 빠진다.

**사례 5**

제가 병원에 오게 된 이유는 단지 따돌림을 받아 우울하고 불안했고 친구의 폭력으로 학교에 가기 힘들어서일 뿐이에요.

환자들의 환각 경험은 대부분 그들의 삶과 연관되어 있다는 점을 기억해야 한다. 삶에서 원인을 찾아 이를 해결하고 환자가 안정을 취할 수 있도록 도와야 한다. 대개 환자는 학교나 직장 생활에 어려움을 겪거나 우울·불안 등의 정서가 심해져 일상을 제대로 보내기 힘든 상황일 수 있다. 가까운 사람에게도 말하지 못할 개인적인 고민 때문에 스트레스가 쌓일 수도 있다. 그 목소리들을 무조건 덮어놓고 무시한다고 해결되는 것은 아니다. 그렇다고 모든 시간과 에너지를 들여 그 목소리에 집중하는 것도 안 된다. 균형을 맞추는 게 중요하다.

**사례 6**

의사 선생님이 처음에 내가 경험하는 목소리를 언급하자 놀랐어요. 하지만 누군가 알아주니 고마웠어요. 어떻게 말해야 할지 몰랐는데 말이에요.

다른 사람이 듣지 못하는 목소리를 경험하는 대다수 사람은 자신들이 미쳐가고 있는 것은 아닌지 무서워한다. 또한 가족이나 친구가 알게 될까봐 이중으로 두려움에 빠진다. 그런 두려움은 외로울지라도 다른 사람에게서 멀어져 혼자 있는 편을 선택하게 한다. 이들에게 가장 시급한 도움은 안전하게 자신들의 경험을 말할 수 있는 누군가를 만나는 것이다. 내가 이 사람 앞에서는 숨기지 않아도 되는구나 하는 생각을 할 수 있게 하는 사람이 필요하다.

## 환청은 '진짜 목소리'다

환청 때문에 치료를 받던 한 학생은 들리는 목소리가 진짜라고 생각했지 그게 환청이라고는 결코 생각하지 못했다. 나중에 정신건강센터의 정신건강교육을 듣다가 문득 본인이 겪었던 환청이 조현병 증상이라는 것을 깨닫게 되었다고 한다. 그는 분명 실제 목소리를 들었는데, 그게 가짜고 조현병 증상이라고 하니까 당황스러워했다. 자신이 부정당하는 느낌이었다. 교육 시간에 환청을 잘못된 소리, 들어서는 안 되는 소리라고 하자 받아들이기가 더 쉽지 않았다고 했다. 단지 말하는 사람을 찾지 못했을 뿐 그에게 환청은 진짜 생생하게 들리는 소리였기 때문이다.

환청은 매우 개인적인 경험이고 환청을 듣는 사람들은 모두 진짜 목소리를 듣는다. 주변에서 그 목소리의 주인공을 찾을 수 없을 뿐이다. 이는 이들을 당황하게 하는 시작점이다. 단순히 환청을 정신과적 증상으로만 치부해서는 안 된다. 환자 스스로 환청 경험을 이해하기 위해서나 환자와 상담하는 사람들이 환청이라는 경험의 실체에 다가가기 위해서는 증상 너머를 봐야 한다.

그들에게는 '진짜 목소리'다. 이는 온종일 이어지기도 한다. 자신의 이름을 말하는 걸 듣거나 욕을 듣기도 하고 아주 짧은 문장에서부터 끊이지 않는 긴 문장을 들을 때도 있다. "그렇게 하면 안 되지" 하며 자신의 행동에 사사건건 훈수를 두는 경우도 있고, "엄마를 믿지 마, 바깥에 나가지 마" 등 명령을 듣기도 한다. 심한 경우에는 극단적인 선택을 종용하는 말도 들린다.

때로는 환청이 즐거운 경험이 되기도 한다. 평소 외모

콤플렉스가 있던 학생은 자신에게 "괜찮다, 너는 썩 괜찮은 사람이다"라고 격려하고 칭찬하는 환청을 들었다. 그 목소리는 똑똑하고 재치 있고 재미있어서 그는 환청과 친해질 수 있었다고 한다.

긍정적인 목소리를 듣든, 부정적인 목소리를 듣든 환청이 진행되면 목소리와 '인간 관계'를 맺기도 하는데 환자들은 그 목소리가 주변 사람보다 내 마음을 더 잘 이해해주고 대화가 통하는 친구라는 이야기를 자주 한다. 치료를 하면서 환청의 횟수가 줄거나 희미해졌을 때 떠나보내기 아쉽다는 사람도 있었다.

나는 환청을 떠나보내는 게 애도와 맞물릴 수도 있다는 생각을 했다. 그래서 나는 그런 환자에게는 환청을 잘 보내주고 앞으로 환청보다 더 건강하게 관계를 맺고 친해질 수 있는 것을 찾자고 제안한다. 오래된 통계이긴 하지만 1994년 미국정신의학회에서는 4-10퍼센트의 사람들이 환청을 듣는다고 보고하기도 했다. 환청에 대한 인식이 개선되고, 그것을 듣는 사람들이 이상한 사람이라는 취급을 받지 않으면서 이야기할 수 있는 분위기가 형성되길 바란다.

지금까지 망상과 환청에 대해 이야기하면서 가급적 증상을 겪은 환자의 말을 직접 들려주려고 노력했다. 여러분도 증상이 무엇인지에 대한 설명은 뉴스나 기사를 통해서 많이 봤겠지만 조현병 환자가 직접 말하는 환청·망상 등의 증상에 대한 얘기를 들을 기회는 별로 없었을 거라고 생각한다. 단순히 증상을 넘어서서 이를 대하는 태도에 대해서는 더욱 생소할 것이다.

환청과 망상을 이해하는 게 중요하다. 증상이 무엇인지를 넘어 그들이 경험하는 아픔을 조금이라도 아는 게 중요하다. 조현병이 있는 사람들은 갑자기 이상해지거나 돌변하지 않는다. 누구보다도 증상을 앓고 있는 자신이 가장 고통스럽고 괴롭다. 망상과 환청으로부터 도망칠 곳도, 숨을 곳도 없이 온종일, 한 달, 몇 년을 아파한다. 이러한 아픔이 잘못된 믿음으로 굳어가고 목소리라는 형태로 나타나 그들을 괴롭힌다.

우리는 그들이 겪는 아픔을 바라봐야 한다. 망상과 환청의 내용을 결정짓는 것은 개인의 경험과 사회가 그들을 대하는 태도에 달려 있다. 우리가 그들을 적대시한다면 그들도 당연히 우리에게 적대감을 느끼고, 대항하고자 하는 마음이 자라나게 된다.

수원에서 정신건강센터장으로 일하던 당시 한 소방서에서 강의 요청이 들어왔다. 소방서에서 요청한 강의 제목은 「정신질환자에 대한 대처 방안」이었다. 나는 강의 중에 "정신질환자에 대해 대처를 하다니, 정신질환자가 무슨 화재입니까?"라고 뼈 있는 농담을 던졌다. 그러면서 강의 제목을 「마음이 아픈 분들을 어떻게 더 잘 도울 수 있을까?」라고 했으면 정말 좋았을 것이라고 말했다.

나는 이 강의를 통해 소방서에서 근무하는 분들이 마음이 아픈 분들을 잘 도와주기를 바랐다. 강의 끝에는 내가 바라는 미래의 모습을 들려주었다. 환자분들이 환청과 망상이 심해지면 자연스럽게 소방서에 전화해서 증상 때문에 힘들다고 이야기할 수 있게 되는 것이다. 갑작스럽게 찾아온 두통이나 복통으로 응급실에 입원하듯이 자연스럽게 환청과 망상을 통한 고통을 소방서에 호소하고 또 소방서에서는 그들을 데려가 쉬게 해줄 수 있었으면 좋겠다고 내 바람을 전했다. 그런 미래가 얼른 다가오길 기원하며 그날 강의를 마쳤다.

소방서에서 강의를 한 지 꼭 14년이 지났다. 지금도 여전히 환자분들은 환청이나 망상 때문에 힘들어도 증상을 숨기고 소방서에도 편안하게 연락하지 못한다. 소방대원들이나 지역주민 그리고 사회가 그들의 증상이 지니고 있는 개인의 아픔을 이해하고, 환자들도 자신의 아픔을 서슴없이 나누고 도움받을 수 있는 시대가 빨리 도래했으면 한다.

# 6 조현병의 난亂

## 조현병이 원인은 아니다

한 포털의 메인화면에서 내 시선을 끄는 기사를 보았다. 나는 마음속으로 '또'라는 외마디를 되뇌며 기사의 내용을 살펴보았다.

조현병을 앓던 A씨가 충북 충주시 한 원룸에서 흉기를 휘둘러 경찰과 구급업체 직원이 얼굴과 손 등에 부상을 입은 사건이었다. 사건 발생 전 A씨의 아버지는 아들을 병원에 입원시키려고 사설 구급업체를 대동해 아들을 찾아갔다. 그러나 아들은 약속과 다르게 문을 열어주지 않았고 아버지는 경찰에 연락해 도움을 요청했다. 경찰이 한동안 설득한 끝에 A씨는 옷을 갈아입고 나가겠다며 기다려 달라고 했다.

한참 뒤 문을 열고 나온 A씨는 준비한 흉기를 경찰과 구급업체 직원에게 마구 휘둘렀다. 경찰은 다급히 테이저건으로 A씨를 제압한 뒤 인근의 정신병원으로 호송했다. A씨는 고교 재학 시절부터 조현병 증상을 보이기 시작했으며, 성인이 된 이후에는 5, 6차례 입원 치료를 받았다.

부모는 함께 살던 A씨가 자신들에게 욕설과 폭행을 가하자 지난해부터 원룸에서 혼자 살게 했다. 아버지는 최근 증세가 안 좋아진 아들이 병원에 가겠다고 약속해 사설 구급업체를 불러 원룸에 찾아갔던 것이다. A씨는 호송 과정에서 "아버지가 정신병자다. 나는 아니다. 제복 입은 사람이 싫다"라고 말하는 등 횡설수설했다고 한다.

기사를 읽으면서 마음이 답답해졌다. 최근 조현병 환자가 가족이나 이웃 또는 아무런 관련이 없는 사람을 상대로 한 강력범죄가 매스컴에 너무 많이 소개되고 있다. 기사에 노출되는 만큼 실제로 정신질환을 앓고 있는 사람이 저지르는 범죄가 증가한 걸까. 중증 정신질환자가 저지르는 범죄 사건이 보도될 때마다 주변 사람들은 나에게 의견을 구한다. 나는 조현병 환자라고 해서 범죄를 더 저지르는 것은 아니며, 오히려 일반인보다 범죄율이 낮고 치료를 잘 받으면 범죄를 일으킬 위험성은 현저히 줄어든다고 변론한다.

경찰청 통계에 따르면, 2018년 기준 전체 범죄 발생건 수는 158만 751건이었다. 이중 정신질환자에 의한 범죄는 7,244건으로 0.46퍼센트일 뿐이며, 정신질환자에 의한 강력범죄도 전체 강력범죄의 2.39퍼센트에 불과했다. 최근 5년을 살펴보면 정신질환자가 저지르는 범죄 비율은 2018년 오히려 낮아졌다. 물론 2018년 기준 전체 범죄 가운데 강력범죄가 차지하는 비중은 1.69퍼센트인 데 반해서 정신질환자가 저지른 범죄 가운데 강력범죄가 차지하는 비율은 8.82퍼센트로 높게 나타났다.

대중은 이런 수치 때문에 정신질환자가 위험하다고 생각하는 것일까. 하지만 경찰청 통계는 의사의 판단이나 별도의 매뉴얼 없이 담당 경찰이 주관적으로 피의자를 정신질환자로 분류한 항목에 근거해 만들어진다. 따라서 정신질환자의 강력범죄율이 높다거나 낮다거나 하는 사실을 단순히 통계만으로는 판단할 수 없는 것이다.

중증 정신질환자를 매일 만나는 의사인 내 생각이 잘못된 것일까. 내가 알고 있는 조현병 환자들이 변한 것일까.

여러 강력범죄 기사 속에 등장하는 조현병 환자들은 내가 이제까지 만났던 이들과는 사뭇 다르다. 그럼에도 여전히 내가 해줄 수 있는 대답은 명확하다. 살인 등 폭력적인 행동의 원인을 단순히 환청이나 망상 등 조현병 증상 때문이라고 할 수는 없다는 것이다.

## 조현병 환자에 대한 혐오

같은 사건을 다룬 『매일경제』의 기사 말미에는 한 시민의 의견이 실렸다. 그는 "최근 잇따른 조현병 환자들의 범행을 보면서 내 주변에도 그런 사람들이 있는 건 아닌지 불안감이 커졌다"며 "정부나 지자체가 적극적으로 조현병 환자 관리에 나서줬으면 한다"고 말했다. 그가 말하는 '그런 사람들'이란 누구를 말하는 것일까. 조현병 환자일까. 강력범죄를 저지를지도 모르는 사람들일까. 아마도 그는 모든 조현병 환자를 잠재적 범죄자로 인식하고 있는 것 같다.

나는 점점 두려워지기 시작했다. 뿌리 깊은 혐오가 느껴졌기 때문이다. 마음속 두려움과 답답함은 기사 밑에 달린 댓글들을 읽어 내려갈수록 더 커지기 시작했다.

"주위에 조현병이 있으면 언제든지 우리가 타깃이 될 수 있
겠네."
"조현병은 살인 면허를 소지한 것처럼 보인다."

일반인에게는 조현병 환자가 정말 무서운 존재다. 전혀
예측할 수 없는 폭력을 행사하며 언제든지 자신이 그 폭
력의 희생자가 될 수 있다고 생각한다. 그들의 눈에는 아
마 조현병 환자가 잠재적 흉악범처럼 보이는 것 같다.

"아, 솔직히 조현병은 미친개 아니냐? 밧줄로 꽉 묶어서 끌
고 다니며 키워라. 괜한 사람 죽거나 다친다 ㅋㅋㅋ"
"평생 정신병원에서 살아라."
"이런 것들은 사회에 못 나오게 하자. 무섭다."

많은 사람이 조현병 환자를 잠재적 흉악범으로 인식하
고 함께 사는 것을 불안해한다. 아니 불안감을 넘어 공포
를 느낀다. 조현병 자체가 폭력의 원인이고, 모든 조현병

환자는 폭력적이라고 치부한다. 그렇기 때문에 강제로 격리하고 수용해야 하며 당연히 자신들과는 분리되어야 한다고 생각한다. 이런 반응이 기사의 가장 많은 댓글을 이루고 있다. 참혹한 범죄 원인을 단순히 조현병으로 몰아가고, 가능성만으로 잠재적 흉악범, 아니 현재적 흉악범으로 보는 시각이 팽배하다.

"좀비 정신병자를 다 죽여라."

"조현병 핑계 대는 놈들도 무조건 죽여라."

"정신병원에 보내는 게 아니라 안락사 시켜주세요."

"즉각 사살 ㅋㅋㅋ"

"그냥 사살해버려라."

"정신병자, 조현병 환자가 흉기를 들고 위협하면 때려죽이는 방법 외에는 없지."

심지어 위의 댓글과 같이 조현병 환자들은 어떤 방법으로도 개선될 여지가 없기 때문에 죽이는 것만이 답이라고 말하는 경우도 있다. 수많은 극단적인 댓글 속에서 조현병 환자에 대한 혐오를 넘어선 증오, 아니 그 이상이 느껴진다.

# 자리를 지키기 위한 투쟁

"조현병의 난亂"

내 눈길을 사로잡은 짧은 댓글이다.

나는 "조현병의 난"이란 댓글을 보면서 많은 생각을 했다. 댓글을 단 사람은 일련의 연속된 사건들을 보면서 미친 사람들이 세상을 향해 난을 일으키고 있다고 여겼을까. 그 사람이 어떤 생각을 했는지는 모르지만 내 마음속에서는 어떤 울림이 일어났다.

앞서 다룬 진주 방화 살인 사건을 보면, 안인득은 조사 과정에서 자신은 사회적인 불이익을 당해 범죄를 저질렀다고 진술했다. 누군가가 아파트를 개조해 불법 CCTV를 설치했고 지역 주민들이 자신의 집에 쓰레기를 던지고 시비를 걸었다고 주장했다. 경찰은 조현병이 있는 그가 지속된 피해망상으로 주변 사람과 사회에 대한 분노가 커져 범죄를 일으킨 것으로 보았다.

사건 이후 경찰청장은 기자간담회에서 정신질환으로 타

인에게 해를 끼칠 우려가 있는 사람을 발견하면 적극적으로 행정입원 조치를 하겠다고 발표했다. 범죄를 저지르지 않아도 입원시킬 수 있다는 것이다. 인권 단체와 장애인 단체 그리고 전문가 등은 현장 판단으로 특정인을 강제로 입원시키겠다는 경찰의 말에 반발했다. 이러한 조치는 정신질환자에 대한 편견을 유발하고 오히려 환자가 치료를 더 기피하게 될 우려가 있다. 같은 날 KBS는 「조현병 특징 '망상·환각'…… 심해지면 '범죄'」라는 보도를 냈는데 이미 제목에서 조현병과 범죄를 연관시키고 있었다.

이러한 언론의 보도 행태가 범죄와 조현병의 연관성에 대한 잘못된 오해를 불러오고 있다. 일반 시민은 물론 경찰도 이런 식으로 폭력이나 범죄가 조현병의 주요 증상인 것처럼 여긴다. 또한 조현병으로 인한 강력범죄 사건을 막기 위해서는 강제입원을 통한 격리와 수용이 '유일한' 대안이라고 말한다.

지금의 사회 분위기는 조현병을 앓고 있다는 사실만으로 '범죄자'라고 낙인찍는다. 사회가 더 안전해지기 위해서는 이유를 불문하고 조현병을 앓고 있는 사람들을 입원시켜 사회에서 분리해야 한다고 말한다. 대부분 사람이 잘못된 편견으로 조현병 환자의 범죄 위험성이 높다고 인식한다. 그들은 조현병 환자가 범죄를 일으켜 교도소에 '수감'되기에 앞서 '예방적 차원'에서 범죄를 저지르기 전에 병원에 입원시키려는 것일까. 그 사람이 앓고 있는 질환이 곧바로 그 사람을 정의하는 건 아니다. '처벌'은 범죄 '행위'가 있을 때 따라오는 것이지 조현병을 앓고 있다는 사실이 그 사람이 범죄를 저지를 거라는 확증이 되어서는 안 된다.

이러한 사회 분위기에서 누가 치료를 받으려 할까. 이러한 편견으로 정신질환자는 사회에서 고립되고 치료를 기피한다. 결국 제대로 된 치료를 받을 기회를 놓치게 된다. 더구나 사회에 적응하는 걸 어렵게 만들어 오히려 정신질환과 관련된 사회 문제를 심화시킬 우려가 있다.

실제로 조현병을 앓고 있는 사람들은 우리가 특정 현상을 받아들이는 것과 다르게 현상을 이해하고 해석한다. 자연스럽게 일상생활에서 스트레스를 더 받는다. 따라서 대부분 조현병 환자는 폭력적이고 과격하다기보다 조심스럽고 위축되어 있다. 이 또한 조현병을 앓고 있는 개개인을 '조현병'이란 이름으로 획일화하고 섣부르게 일반화하는 것일 수도 있겠지만 말이다. 어쨌거나 현상을 받아들이는 게 우리와는 다른 이들에게 이웃과 사회의 강압적인 반응은 자신의 생존을 위협하는 절대적이고 치명적인 위험으로 다가올 수 있다. 이미 있던 망상에 새로운 망상이 더해져 최후의 수단으로 폭력적인 방법을 사용할 수 있는 것이다.

당신은 아무런 잘못을 저지르지 않았는데 누군가가 당신의 신체를 구속하려 하고, 자유를 박탈하려 하고, 세상과 단절시키기 위해 당신을 수용한다고 하면 당신은 받아들일 수 있는가. 자신의 '자리'를 지켜야 한다고 생각하지 않겠는가. 수용을 강요하는 가족과 의사를 비롯한 전문가, 경찰, 이웃 모두가 적으로 느껴질 것이다.

사람들은 조현병 환자를 가둬서 범죄를 예방해야 한다고 말하지만 이는 범죄를 예방하는 것이 아니다. 무조건 그들을 수용한다고 조현병이 치료되고 사회의 안전을 보장할 수 있는 것도 아니다. 치료라는 명목 아래 그들이 있을 자리를 빼앗는 일일 뿐이다. 김현경은 『사람, 장소, 환대』에서 "사람이라는 말은 사회 안에 자기 자리가 있다는 말과 같다. 그래서 사회적 성원권을 얻기 위한 투쟁은 사람이 되기 위한 투쟁이기도 하다"*라고 했다. 자신이 지니고 있는 질환으로만 자신이 정의되고 자신은 아무런 잘못을 하지 않았는데 정신병원에 가두려고 한다면 자신의 자리를 잃지 않기 위해 필사의 사투를 벌여야 한다고 느끼지 않을까. 사람이 되기 위해서 말이다.


## 조현병이 있는 환자와 보호자가 바라보는 조현병

조현병 환자와 강력범죄가 연관된 기사와 댓글을 보고 나만 두려움과 놀라움 그리고 답답함을 느끼는 건 아니다. 많은 환자와 보호자가 비슷한 감정을 느낀다. 내 외래에 방문해 자연스럽게 이 주제에 대해 대화를 나누고 내 의견을 묻는 사람이 많다.

한 환자의 보호자는 자기 아들이 현재 조현병은 아니지만 나중에 조현병으로 발전하는 것은 아닌지 조심스럽게 물어왔다. 학교생활에 적응하는 데 어려움이 있어 ADHD로 치료받는 환자였다. 아들은 정신과 치료 이후 학교생활에 잘

---

* 김현경, 『사람, 장소, 환대』, 문학과지성사, 2015.

적응했고, 보호자는 주변 사람들에게 아들이 정신과 치료를 받는 것을 대수롭지 않게 얘기했다. 그런데 조현병 환자에 의한 크고 작은 사건이 신문과 방송을 뒤덮자 주변 사람들이 정신과 치료를 받는 그의 아들이 조현병은 아닌지, 조현병으로 발전하는 건 아닌지 걱정하며 물어본다고 했다. 덜컥 겁이 난 보호자는 자신의 아들만은 조현병이 아니길 바라는 간절한 마음으로 내게 물은 것이었다. 물론 보호자는 자식을 걱정하는 마음이겠지만 조현병이 잠재적 범죄자라는 잘못된 생각을 하고 있었다.

한 환자는 조현병으로 열 차례 이상 입원과 퇴원을 반복한 환자였다. 5년 전부터는 다른 사람이 자신을 해칠 거라는 망상과 환청 등 자신을 괴롭히던 증상이 사라져 입원하지 않고 직장 생활을 하며 자신의 생활을 잘 유지하고 있었다. 그는 입원 치료에 대한 반감이 매우 심했다. 처음에 아무런 설명 없이 이유도 모르고 입원을 당했기 때문이다. 하지만 의사가 그의 증상과 치료의 필요성을 충분히 설명해주고 퇴원을 약속하자 입원 치료를 받아들였다. 그는 퇴원 후 재입원하지 않고 잘 생활했으며 다른 조현병 환자들도 제대로 된 치료와 돌봄을 받으면 자신처럼 좋아질 수 있을 것이라고 말했다.

그는 힘들 때 자진해서 입원해 휴식을 취하고 스스로 필요한 치료를 받기도 했다. 그는 자신의 의사와 상관없이 입원을 당하고 사회에서 격리되어서는 안 된다고 힘주어 말했다. 하지만 그런 그조차 연이은 사건에 많이 불안해하고 힘들어했다. 그러면서 다시 재발하고 증상이 심해져 '살인자' 취급을 받는다면 자살하고 싶다고 말했다. 그는 방송에서 연일 조현병과 강력범죄를 연결지어 얘기하고, 조현병을 앓는다는 사실만으로 범죄자로 여기는 지금의 사회 속에서 극심한 불안감과 두려움을 느끼고 있었다.

또 다른 환자는 윗집에서 자신을 괴롭히고 해치기 위해 일부러 소음을 내고 감시하고 있다는 망상이 생겨 외래를 다니던 조현병 환자였다. 하루는 내게 자신이 앓고 있는 조현병이 뉴스에 나오고 있는 살인을 저지르는 그 조현병과 같은 것이냐고 물었다. "제가 사람 죽이는 병을 앓고 있지는 않잖아요"라며 억울하다는 듯이 내게 복잡한 심정을 하소연했다. 그는 조현병이 이런 병이라면 자신이 조현병임을 인정하고 싶지 않다고 했다. 왜곡된 이미지로 덧씌워진 조현병이 자신이 앓고 있는 병이라는 게 참담하고 도저히 이를 인정할 수 없는 것이었다.

한동안 조현병으로 정신과 치료를 받는 부모들의 걱정을 달래는 것이 내 일이 되었다. 그들은 걱정스러운 얼굴을 하고 조심스럽게 물어본다. 자녀가 정말 조현병이 맞는지, 폭력적이고 난폭한 증상을 지닌 것이 맞는지, 예측도 못한 채 자신도 희생자가 되는 건 아닌지 등. 한 보호자는 여러 사건 이후 자녀가 무섭고 두려워졌다고 말하기까지 했다. 지금껏 아무런 문제 없이 조현병이 있는 자녀와 함께 살아왔던 이들이다. 그런데 지금은 잠재적 범죄자의 부모가 되었고 자신도 희생자가 될 수 있다는 막연한 공포가 더해졌다.

조현병에 대한 합리적인 생각 없이 그들을 혐오하고 분노해 자리를 빼앗고 사회에서 축출하려 한 것은 바로 우리다. 이는 비단 정신질환자에 국한되는 문제가 아니다. 장애인, 외국인, 동성애자 등 우리 사회는 특정 대상에 대한 혐오와 분노를 쉽게 드러내고 그들을 배제하고 분리하기 위해 애쓴다. 우리 곁에 그들이 머물 자리를 내주지 않기 위해 그들을 혐오하는 것이다.

강서구에서 열린 특수학교 설립에 관한 공청회에서 발달장애 자녀를 둔 부모들이 무릎을 꿇고 특수학교를 세울 수 있게 해달라고 호소했다. 지역주민들은 특수학교가 들어오면 집값이 떨어지고 지역 이미지가 손상된다며 특수학교 설립을 반대했다. 그들은 발달장애인은 위험하다는 등 말도 안 되는 이유를 대며 장애인에 대한 막연한 혐오를 쏟아냈다. 혐오는 이처럼 대상을 위험한 존재로 만들어 버린다. 그러면서 근거 없는 위험성을 바탕으로 우리와 함께 있어서는 안 된다고 한다. 이를 사실인 것처럼 얘기하지만 그들의 태도는 혐오의 정당성을 확보하려는 것일 뿐이다.

나도 수원시에 흩어져 있는 6개 정신건강센터를 통합하기 위해 기존의 건물을 증축하는 사업을 두고 지역주민과 갈등을 빚었다. 반대하는 사람들은 설립될 건물 일대에 초등학교와 유치원이 있어 아이들이 위험해진다며 극렬히 반대했다. 그들의 주장을 담은 대자보에는 정신질환자와 알코올 사용장애 환자를 성폭력범과 사이코패스 그리고 살인범으로 묘사하고 있었다. 정신질환자에 대한 매우 부정적이고 잘못된 인식이었다. 자식을 걱정하는 부모의 마음은 이해하지만 그들의 반대는 타당성이 결여되어 있다. 왜곡된 사고를 어긋난 방식으로 표출하는 것일 뿐이다.

설립이 예정된 통합센터는 기존에 있던 시설을 증축하는 것이었다. 즉 이들이 반대하는 시설은 이미 이전부터 이곳에 존재했고, 20년간 이들이 주장하는 위험이나 문제가 전혀 없었다. 이것이 편견과 혐오에 휩싸여 무조건적인 반대와 배척으로 자신의 자리를 내주지 않으려고 기를 쓰는 우리의 모습이다. 이처럼 정신질환자들은 정신병원에만 갇히는 것이 아니라 우리 머릿속에 있는 쇠창살 속에 이중 삼중으로 갇혀 있다.

상황에 따라 증상이 심할 때는 입원이 필요할 수도 있다. 발병 초기에는 입원으로 적극적인 치료를 받아야 할 때도 있다. 그렇지만 잘못된 정보에 근거한 편견과 막연한 혐오로 그들에게 분노를 드러내고 사회에서 분리시키려 한다면 그들은 자신의 증상을 부정하고 더 숨어들 것이다. 그들이 겪은 사람들의 분노와 혐오 그리고 사회의 냉대는 망상과 환청으로 재현되어 그들 안의 분노를 키울 것이다. 자신의 자리를 지키기 위한 투쟁을 불사할 수도 있다.

조현병 환자는 모두 위험하고 난폭하며, 모두가 잠재적

인 범죄자라고 바라보는 비뚤어진 시선을 거두자. 그들의 자리를 빼앗고 사회에서 그들을 배제하려는 노력을 그만두자. 혹시나 모를 사건을 막겠다는 목적으로 행해지는 분리와 배척은 오히려 더 큰 사건으로 이어질 수 있다. 조현병으로 인한 범죄를 막기 위해 분리와 배척이 아닌 근원적으로 정말 무엇이 필요한지 우리는 다시 한번 생각해봐야 한다. 앞으로 이러한 비극이 다시 벌어지지 않길 바란다.

# 7 인간은 자신을 돌볼 수 있는 힘이 있다

## 정신과에 언제 가야 할까

여기 한 젊은 여자가 있다. 그는 자신이 저지른 커다란 잘못 때문에 세상 사람 모두가 자신을 욕한다는 생각에 시달렸고 어디선가 자신을 비난하는 목소리가 들려와 괴로워했다. 그는 조현병으로 대학병원에서 한 달간의 입원 치료를 받고 퇴원한 후 나를 찾아왔다. 한 사람의 삶을 따라가보며 마음의 아픔이 어떻게 정신질환으로 나타나고 심각한 증상으로 이어지는지 그의 목소리에 귀 기울여보자. 그의 인생 마디마디마다 어떤 도움이 필요했을지 생각해봤으면 한다.

정신과를 찾아오는 많은 사람이 좀더 일찍 오지 못한 것을 후회한다. 과연 정신과에 와야 하는 때는 언제일까. 왜 많은 사람이 치료받아야 할 시기를 놓치는 것일까.

나는 교사인 아버지와 전업 주부인 어머니 사이에서 외동딸로 태어났다. 병약하지도 그렇다고 남달리 건강하지도 않은 평범한 아이였다. 그저 엄마와 떨어지기 힘들어하고 많이 울어서 까다로운 아이였다고 엄마는 기억한다. 어린이집에 다니기 시작한 첫 2주간은 낯선 환경에 남겨지는 게 무섭고 두려워 엄마와 떨어지지 않기 위해 심하게 떼를 썼다. 간혹 친구에게 사소한 일로 짜증내거나 울기도 했지만 어린이집과 유치원을 잘 마치고 초등학교에 입학했다.

초등학생이던 나는 공부와 책 읽기를 좋아하는 아이였다. 활달한 아이는 아니어서 친구가 많지는 않았지만 잘 어울리던 친구가 두 명 정도 있었다. 처음으로 삶의 무게를 느낀 건 초등학교 3학년 때였다. 특별한 이유 없이 같은 반 여자아이들에게 따돌림을 당했다. 지금 생각해보면 심각한 정도는 아니었다. 그렇지만 나는 열 살이었고 버거웠다. 아이들은 내 이름으로 별명을 만들어 나를 놀리며 '그들'과 나를 구분지었다.

소외감이 가장 견디기 힘들었다. 아이들은 그들만의 세계를 만들었고 난 그 세계에 들어갈 수 없는 외부인이었다. 이야기를 나누고 있는 친구들에게 다가가면 이야기를 멈추고 딴청을 피우거나 자리를 피했다. 엄마는 친구들과 잘 어울리지 못하는 날 위해 아이들을 집으로 초대하기도 했다. 맛있는 음식을 대접하며 나와 친하게 지내달라고 부탁했다.

친구들과 잘 어울리지 못하는 자식을 보며, 아이들 앞에서 애써 웃음 짓던 엄마는 어떤 마음이었을까. 지금 생각해도 엄마에 대한 미안함으로 가슴이 아려온다. 엄마의 노력에도 친구를 사귀는 것은 힘들고 부담스러운 일이었다. 그렇지만 난 다행히 완전한 혼자는 아니었다. 지금은 얼굴도 이름도 기억나지 않지만 어울릴 친구가 있었고 그들은 어린 나에게 버팀목이 되어주었다.

또 한 사람, 담임선생님이 있었다. 난 성적이 상위권에 속했고 선생님의 관심을 받는 이른바 모범생이었다. 담임선생님은 친구 관계에서 소극적이고 여러 사

람 앞에서 말하기를 어려워하지만 큰 문제는 없는 아
이라며 엄마의 걱정을 달랬다.

중학교에 진학하면서 친하게 지내던 친구들과 헤어
지게 되어 크게 실망했던 기억이 난다. 정든 친구들과
헤어지게 되었다는 사실과 또다시 새로운 관계를 이
어나가야 한다는 생각이 처음에는 버겁게 느껴졌다.
나는 느리지만 조금씩 학교에 적응해 나갔다. 전처럼
나를 괴롭히거나 못살게 구는 친구는 없었다. 친구들
에게 주목받지는 못했지만 반에서는 있는 듯 없는 듯
그런대로 잘 지냈다. 학원을 다니게 되면서 친한 친구
가 조금 생겼고 성적은 여전히 상위권이었다. 친구들
과 공부를 하고 주말에도 함께 어울렸다.

중학교 때의 우정은 초등학교 때와는 다르게 조금
더 깊었다. 어떤 문제든 혼자 고민하지 않아도 되었
다. 감정을 나누면 더 작아지거나 더 커지게 된다는
사실도 알았다. 하루가 다르게 변화하는 신체만큼 마
음도 성장했고, 친구들과 나눈 우정은 내 마음의 자양
분이 되었다.

엄마는 내게 "즐거운 일 있니?" 하고 자주 물었다. 그때마다 난 퉁명스럽게 "아니"라고 대답했지만 생각해보면 그때 행복하다는 말을 자주 했던 것 같다.

고등학교는 집 근처로 가기를 원했지만 3순위로 희망했던 여고에 진학하게 되었다. 당시 이 학교는 평판이 좋지 않았고 입시를 준비하기에는 부족했다. 같은 중학교에서 진학한 친구도 없었다. 내가 이 학교에 다닐 줄은 꿈에도 생각하지 못했다. 학교에 입학하기 전부터 꼬여버린 느낌이 들었다. 입학이 다가올수록 불안감이 밀려왔다. 원치 않는 학교였을 뿐 아니라 또다시 낯선 사람들 속에 혼자 내던져진 기분이었다.

다시 버거운 시간이 찾아왔다. 반에서 거의 혼자 지냈다. 같이 점심 먹을 친구가 없어 급식을 신청하지도 밥을 먹지도 않았다. 초등학교에서 중학교, 중학교에서 고등학교. 새로운 학교로 진학할 때마다 친구를 만들고 같이 밥먹을 사람을 찾아야 한다는 게 내게는 큰 스트레스였다. 차라리 혼자인 게 편하겠다는 생각도 들어 친구를 사귀지 않았다.

친절했던 담임선생님의 손길만이 내가 학교생활을 유지할 수 있던 끈이었다. 전보다 더 공부에 매달렸다. 학년이 올라갈수록 고립되었지만 그만큼 공부에 더 빠져들었다. 고등학교 3학년이 되어서는 학교와 학원만을 오갔고 시험을 위해 쉼 없이 내달렸다.

3학년 1학기 중간고사를 앞두고 시험에 대한 압박감이 극에 달했다. 시험을 망칠지도 모른다는 생각에서부터 원하는 대학에 가지 못하고 나아가 인생을 망치게 될 거라는 생각까지 했다. 불안했다. 그럴수록 더 공부에 매달렸다. 하지만 과도한 걱정 때문이었을까 아니면 일종의 예감이었을까. 중간고사 성적은 내가 기대했던 점수에 한참 미치지 못했다. 시험을 망치고 말았다. 큰 충격을 받았고 상처가 되었다. 애써 부여잡고 있던 삶의 균형을 놓쳐 인생 전체가 두 동강나는 것 같았다.

중간고사 이후 생활은 엉망이 되었다. 잠을 제대로 못 잤고, 밥맛이 없는데 억지로 숟가락을 뜨다 문득 밥은 먹어서 뭐하나 하는 생각을 하기도 했다. 부모님에게 짜증내는 날이 많아졌다. 학교 가는 게 정말 싫었고 끔찍했다. 시험을 망친 이후 교실에 앉아 있으면 아이들이 나를 비웃으며 수근거리는 것 같았다. '쟤는 열심히 해도 안 될 거야' '너는 안 돼' '너는 이미 끝났어.'

한번은 뒷자리에 앉은 친구가 나를 비웃는 소리가 들렸다. 수업시간이라 더 또렷했다. 고개를 돌려 뒤를 돌아보았는데 친구는 얌전히 책을 보고 있었다. 당황스러웠다. 내가 이상해지고 있나? 학교에서 벗어나야 한다는 생각은 점점 더 커졌고 학교라는 공간에 있는 것 자체가 버거웠다. '빨리 이곳에서 벗어나야 해'라는 생각밖에 없었다.

부모님에게 학교를 그만두고 싶다고 말했다. 부모님은 대학에 안 가도 좋으니 고등학교만이라도 졸업하자고 사정했다. 차라리 화를 냈으면 반항심에 기어코 학교를 그만두었을 텐데, 한없이 작아 보이는 엄마와 아버지의 얼굴을 보면서 내 주장만 할 수는 없었다.

억지로 참으면서 학교에 다녔다. 어느 순간 반 친구들을 의식하기 시작하면 갑자기 불안감이 몰려들고 극도로 예민해졌다. 반 친구들을 쳐다보는 게 힘들었다. 마음을 부여잡고 수능 시험을 준비하며 하루하루를 버텼다.

내심 기대했지만 역부족이었다. 성적은 떨어졌고 수능시험 점수로 내신을 메우기에는 무리였다. 수도권에 있는 대학교에 진학했지만 만족스럽지 않았다. 이대로는 안 되겠다는 생각에 재수를 하겠다고 부모님에게 얘기했지만 부모님은 강력하게 반대했다. 사실 내가 다시 할 수 있을까 하는 의구심도 있었다.

재수를 포기하고 합격한 대학교에 다닐 수밖에 없었다. 입학 첫날부터 모든 게 마음에 들지 않았다. 같은 과 사람들은 나보다 공부를 훨씬 못하는 사람들이란 생각이 들었다. '이런 대학을 나오면 취직을 못 한다' '내게는 이제 비전이 없다' '내 인생은 다 꼬여 버렸다.' 이런 생각이 끊임없이 머릿속을 맴돌았다. 생각을 멈출 수 없어 잠들지 못하는 날이 많았다

그날은 학교 수업이 없는 오후였다. 방에 혼자 있는데 누군가 내 이름을 부르고 학교를 험담했다. 조심스

럽게 방문을 열고 밖을 확인해봤지만 집에는 아무도 없었다. 정말 이상한 느낌이었다. '이게 대체 뭐지? 어디서 소리가 들리는 거지?' 나는 밤새 소리에 대해 생각하느라 잠을 잘 수 없었다. 불안하고 두려웠지만 부모님에게는 차마 말하지 못했다. 미친 사람 취급을 당할까봐 두려웠다.

소리는 점점 잦아져 학교에서도 들리기 시작했다. 내 마음을 다 알고 있다는 생각에 무서웠지만 한편으로는 분명히 누군가 있다는 생각에 누구인지 확인하고 싶은 마음이 간절했다. 그 당시 머릿속에서 수없이 떠올랐던 생각은 대체 '이게 뭐지?'라는 물음이었다.

난 이해할 수 없는 것을 이해하기 위해 노력했다. 지금은 그 소리가 환청이라는 것을 알지만 당시에 그 소리는 현실 또는 현실과 나의 생각 그 경계에 있다고 생각했다.

부모님에게 도움을 청하게 된 건 불안이 너무 심해졌기 때문이다. 혼자 감당하기가 힘들었다. 한참을 버티고 망설이다가 조심스럽게 부모님에게 말을 꺼냈다. 부모님은 다짜고짜 정신과에 가자고 했다. 내가 왜 '정신과'에 가야 하지? 난 단호하게 거절했지만 부모님은 완강하게 병원에 가야 한다고 했다. 결국 부모님의 손에 끌려가다시피 난생처음 정신과에 가게 되었다.

이후에는 사실 잘 기억이 나질 않는다. 기억의 조각만이 파편처럼 흩어져 있다. 난 정신과 병동에 있었고, 그곳에는 내가 살아오면서 만난 사람들과는 다른 사람들이 있었다. 병동과 사람들은 낯설었다. 나와 분명히 다른 사람들이었다. 이질적인 그들과 내 공간을 공유하는 것이 너무 불편했다. 온종일 아무 말 없이 웅크리고 있는 사람. 수시로 무섭게 소리를 지르는 사람. 그들과 함께 있으면 어느 순간 나도 저들과 같은 사람인가. 저들처럼 되는 건 아닐까 하는 생각을 했고 두려웠다. 나도 저들처럼 미친 걸까. 정신과 병동에 있으면 많은 생각이 든다.

시간이 지나자 병동 생활은 익숙해졌고 기억은 제자리를 찾았다. 낯선 얼굴들이 눈에 익자 그들도 나와 다를 바 없는 얼굴을 가졌다는 사실을 알게 되었다. 상태가 많이 좋아졌다. 의사 선생님은 좀더 일찍 왔으면 좋았겠다면서 아쉬움을 표했다.

나의 첫 치료 시기는 언제였을까? 초등학교? 중고
등학교? 대학교? 내가 미쳤기 때문에 몰랐던 것일까?
부모님이 무심하고 무지해서 지나치게 된 걸까? 정확
히 언제인지 모를 '그때'를 놓치지 않았다면 입원하지
않았을 텐데…… 하지만 아무리 내 삶이 힘들었던 순
간들을 돌아봐도 도움을 받기 위해 정신과에 가봐야
겠다는 생각은 한 번도 하지 못했다. 전혀 생각할 수
없었다.


## 아프다고 말할 수 없는 병

외래에서 만나는 많은 사람은 자주 후회의 말을 한다.
주로 "좀더 일찍 병원에 올걸" "왜 그때는 병원에 갈 생각
을 하지 못했을까"와 같은 말이다. 하지만 의사인 나로서
도 환자가 언제 병원에 왔어야 했는지 판단하는 게 쉽지
않다. 또 가까운 사람에게 정신병원에 가보라는 말을 하기
에는 더욱 쉽지 않다. 지나고 나서 돌아보면 그때의 행동
이 증상과 연관되어 있다는 것을 알 수 있지만 그 순간으

로 돌아간다 해도 증상을 알아차리는 게 쉽지 않다. 게다가 나와 한 집에서 생활하는 가까운 사람의 경우라면 더더욱 어렵다. 나조차 내 자식이 '이상한 행동'을 해도 그게 증상임을 쉽게 알아차리지 못할 것 같다.

우리는 몸과 마음을 다쳐 괴로움을 느낄 때 '아프다'라고 말한다. 의학에서는 '아프다'를 '증상'과 '징후'라고 부른다. 증상symptom은 병을 앓을 때 나타나는 여러 상태나 모양으로 환자가 자각하는 병적 상태, 즉 주관적인 인식을 뜻한다. 한편 징후sign는 외부에서 눈으로 볼 수 있거나 진찰을 통해 알 수 있는 병적인 상태를 말한다. 지속적인 상담이나 추적 관찰을 통해 어느 정도 징후를 파악해 진단을 내릴 수 있으나 정신과에서는 주로 징후보다 증상을 통해 진단을 내린다. 증상은 징후보다 불명확하고 불확실하지만 그 범위나 지속기간 그리고 일상생활에 미치는 영향과 불편함 등 여러 측면을 고려해 진단을 내리는 기준으로 삼는다.

하지만 환자 개인은 어느 정도의 증상까지를 질환으로 여겨야 하는지 판단하기 어렵고 언제 병원에 가야 할지를 가늠하기도 어렵다. 결국 스스로 느끼는 불편함이 심해지고 괴로움을 견디기가 힘들 때가 되어서야 병원을 찾는다. 쉽게 말하면 증상이 심해지기 전까지는 병원에 잘 오지 않는 것이다.

따라서 치료를 받는 시기가 많이 늦어지는 경우가 흔하다. 정리하자면 치료가 제때 이루어지지 못하는 첫 번째 이유는 증상이 나타난다 하더라도 그것이 정신질환으로 인한 것임을 알기 어렵기 때문이다.

또 무엇이 제때 치료받는 것을 막을까? 두 번째 이유는 내가 겪고 있는 고통이 정신질환이라는 '말도 안 되는 질환'임을 인정하기 싫은 마음 때문이다. 그래서 정신질환으로 고통받는 사람들은 아픈데도 차마 아프다고 말하지 못한다. 마음 놓고 아파할 수 없고 병원에 가서 아프다고 토로할 수도 없다.

사람마다 정도는 다르지만 신체적 질환은 몸이 아프거나 어딘가 불편하다고 느끼면 금방 병원을 찾는다. 하지만 정신과 증상은 감당할 수 있는 그 이상으로 참는다. 도저히 견딜 수 없을 때 병원을 찾는 것이다. 그러니 늦어질 수밖에 없다. 다른 질환을 앓을 때와는 분명히 다르다. 이 망설임은 어디서 오는 걸까.

## 아무도 말해주지 않았다

앞의 사례에서 환자는 '정신과적 증상'이 겉으로 나타나기 전부터 견디기 힘든 괴로움을 느끼며 계속 '아프다'고 말한다. 그는 정신과를 알고 있었지만 병원에 가는 선택을 하지 않았다. 정신과는 힘들 때 고통을 덜어줄 수 있는 선택지가 아니었고 계속 참을 수밖에 없었다. 정확히 그가 정신과에 대해 어떤 생각을 하고 있었는지는 모르지만 분명한 건 보통의 병원처럼 여기지는 않았다는 것이다. 아프기 때문에 병원에서 도움을 받아야겠다는 생각은 하지 않았다.

또한 치료 과정에서 어느 누구도 정신과 입원에 대해 정확히 알려주지 않았다. 그는 부모님의 강한 권유로 입원했지만 정확한 설명을 듣지 못했고 입원을 원하지도 않았다. 애초에 정신과 방문도 거부했다.

다행히 입원 치료 후에 자신을 괴롭히던 고통이 줄어들었지만 처음부터 원치 않던 입원이라는 점이 중요하다. 그의 고통이 심해졌기 때문에 입원 치료가 필요했다고 말할 수도 있다. 하지만 증상이 심하다고 해서 입원이 당연한 건 아니다. 특히 이런 사례처럼 환자에게 아무런 설명도 하지 않았을 때는 너무나 준비되지 않은 입원이었다. 증상이 아무리 심해졌더라도 급박하게 입원이 필요한 상황은 아니었다. 충분히 대화가 가능했다. 입원이 필요했다면 시간을 들여서 그에게 입원을 설득해야 했다. 치료에 대한 부모의 의지가 적극적인 상황이고 집에서 충분한 돌봄을 제공할 수 있다면 외래 치료만으로도 충분했다고 생각한다.

입원은 환자의 증상을 좀더 직접적이고 구체적으로 관찰하기 위한 것이다. 또한 자신의 안전을 스스로 위협하거나 타인을 해할지 모르는 위험이 있을 때 선택한다. 이 환자의 경우 자해나 타해의 위험성이 낮았다. 입원은 아니지만 입원에 준하는 적극적인 치료는 불가능했을까. 환자는 물론 가족을 대상으로 한 포괄적인 면담과 치료 계획으로 입원을 대체하는 것도 가능했을 것이다. 외래에서 충분히 치료가 가능한 환자도 짧은 면담 시간을 이유로 쉽게 입원을 결정하는 경우가 많다.

정신과에서는 약물 처방만큼이나 입원에 신중해야 한

다. 정신질환에는 잔혹한 '광기의 역사'를 거치면서 내재된 '공포'와 '혐오'의 은유가 있다. 우리는 이 강력한 은유를 쉽사리 넘어설 수 없고 이를 가볍게 생각해서도 안 된다. 더욱이 입원은 부정적인 은유의 최정점에 서 있다. 정말 입원을 해야 한다면 환자가 입원을 받아들이고 진정으로 동의할 수 있는 시간이 필요하다. 환자가 자신에게 입원이 필요하다는 사실을 인지하고 마음의 준비를 할 수 있도록 충분히 설명해야 한다.

그의 마지막 물음에 답해본다. 치료는 늦지 않았고 정신과 입원은 필요하지 않았다. 오히려 입원이 나쁘게 작용할 우려도 있었다. 입원이 그에게 정신과에 대한 극도로 부정적인 기억으로 각인되어 이후의 치료 과정에 거부감을 지니게 될 수도 있었다.

반드시 입원이 필요한 경우가 아니라면 외래 진료를 통해 환자를 진료하는 게 가장 좋다. 하지만 슬프게도 우리나라는 급성기 환자의 경우 입원하지 않아도 된다고 쉽사리 말하기 힘들다. 급성기 환자를 위해 외래 중심으로 적극적인 치료를 제공할 수 있는 환경이 마련되어 있지 않다. 따라서 입원이 필요하지 않은 상황에서도 어쩔 수 없이 입원을 선택하게 되는 경우가 많다. 낮에만 병원에 머물면서 치료받는 낮병원이라는 방식이 있지만 이 역시 급성기나 증상이 심한 환자에게 적절한 치료를 제공하기에는 부족하다.

그가 처음으로 증상을 느꼈을 때 또는 증상임을 알 수는 없지만 무언가 불편하고 아프다는 생각을 했을 때 학교나 다른 기관을 통해 도움을 받았다면 어땠을까. 초기에 치료받을 수 있는 체계와 치료를 부정적으로 인식하지 않는 환경이 갖춰져 있었다면 그는 좀더 일찍 도움을 받았을 것이다. 중요한 건 그가 너무 아프기 전에 고통을 멈출 수 있었을 것이라는 점이다. 더 고통받지 않았어도 되었다. 그는 지금 하나의 사례일 뿐이지만 어딘가 있을 또 다른 '그'는 지금도 치료받지 못하고 혼자서 고통스러워하고 있을 것이다.


## 잘 알아야 잘 싸울 수 있다

정신질환을 앓고 있는 사람이 정신질환을 극복하려면 무엇이 필요할까? 투병鬪病은 병을 고치려고 병과 싸우는 것을 말한다. 싸우기 위해서는 질환에 대해 제대로 알아야 한다. 병에 대해 알아야 싸울 의지도 생긴다. 환자가 자신의 질환을 인식하고 문제를 이해하는 단계가 되면 의지를 갖고 병과 싸울 수 있다. '미쳤다'고 해서 질환과 싸우지 못하는 것은 아니다. 이때 필요한 것은 전문가나 가족 그리고 주변 사람의 지지다.

싸울 대상의 실체를 아는 것도 중요하다. 의사들은 병에 대해 잘 알려주지 않아 의도치 않게 환자의 투병 의지를 꺾는다. 의사들은 환자에게 병을 잘 이해할 수 있도록 설명하고 약물이나 다른 치료, 즉 다양한 무기좋은 치료들에 대해서도 폭넓게 알려줘야 한다.

모든 전쟁에 딱 들어맞는 전략은 없고 하나의 전략만이 존재하는 것도 아니다. 간혹 의사들은 환자에게 자신이 치료하는 대로 무조건적으로 따라오라고 하기도 하는데 의사가 환자의 목소리를 귀담아 듣지 않고 환자가 치료 과정에서 배제된다면 환자의 투병 의지는 오히려 꺾인다. 결국 가장 무섭고 불안한 사람은 환자고 환자 자신도 정신질환을 간절히 없애고 싶어 한다는 사실을 이해해야 한다.

증상과 고통, 진단과 치료로 이어지는 과정에서 가장 중요한 주체는 환자다. 결국 싸움은 환자가 한다. 전문가가 할 일은 증상과 질환에 맞서 싸울 수 있도록 도와주는 것뿐이다. 하지만 환자 혼자 그 무서운 질환과 싸우는 건 너무 버겁다. 전문가는 전문적인 지식으로 돕고, 부모는 자녀를 돕고자 하는 간절함을 바탕으로 필요한 도움의 기술을 배워 자녀가 잘 싸울 수 있도록 도와주어야 한다.

## 스스로를 돌보는 힘

한 남자가 있다. 그는 아파트에 살았는데 방음이 시원찮아서인지 윗집 사람이 이 방에서 저 방으로 걸음을 옮길 때마다 발소리와 문 여닫는 소리를 들었다. 처음에는 조금 거슬리는 정도였다. 하지만 점점 쿵쿵거리는 소리가 잦아져 짜증나는 날들이 많아졌다.

그는 어느 순간부터 위층에서 나는 소음이 자신을 피 말려 죽이려는 모종의 계획이라고 생각하기 시작했다. 위층 사람은 누군가의 지시를 받아 자신을 감시하고 괴롭히는 사람이었다. 이 같은 신호는 소음뿐 아니라 도처에서 발견할 수 있었으며 이웃 주민, 학교 친구 등 모든 사람이 자신을 감시하는 것 같고 죽일 것 같다는 생각까지 하게 되었다. 그는 결국 학교 생활을 중단해야 했다.

그는 견디다 못해 병원을 찾았는데 의사는 면담이 끝나자마자 입원을 권유했다. 그는 입원하는 것이 내키지 않았고 부모도 입원을 꺼림칙하게 생각했다. 여러 병원을 전전했지만 만나는 의사마다 입원을 권유했다. 그러다 나를 찾아오게 되었다.

그는 입원을 완강히 반대했을 뿐 아니라 약도 거부했다. 내가 보기에 그는 약의 도움을 받아야 했다. 무엇보다 그는 환청과 망상으로 심하게 고통받고 있었다. 우선 그의 고통을 줄여주는 것이 시급해 보였다. 그에게 필요한 치료를 받도록 어떻게 설득해야 할 것인지를 고민하면서 면담을 이어 나가다 그가 사촌 형과 좋은 관계를 맺고 있다는 사실을 알게 되었다. 함께한 시간이 많았고 사촌 형에게는 부모님께 말 못 할 고민을 털어놓을 정도로 믿고 의지하고 있었다.

그닐은 약 처방을 따로 하지 않고 다음 시간에 어머니와 사촌 형도 함께 방문하기로 약속하고 돌려보냈다. 이틀 뒤 그는 어머니와 사촌 형과 함께 내원했다. 진료실 안에 함께 둘러앉아 조현병과 그 증상 그리고 치료 방법에 대한 교육을 진행하고 어떤 과정으로 치료하는 게 좋을지 함께 논의했다.

그에게 입원은 물론 약 복용을 간단히 강요하지 않고 스스로 충분히 고민할 수 있도록 시간을 주었다. 어머니와 사촌 형은 옆에서 치료를 설득했고 무엇보다 그에게 힘이 되어주었다. 그는 몇 가지를 질문하고 한참을 고민한 끝에 일단은 약물 치료를 하겠다고 결정했다. 물론 약물이나 정신과 치료에 대한 불신은 여전했다. 하지만 그는 스스로 치료를 선택했다. 나는 단지 그가 결정하는 데 필요한 정보를 제공했을 뿐이고 환자가 신뢰할 수 있는 사람과 함께 고민할 수 있는 자리를 마련했을 뿐이다. 결정은 온전히 그의 몫으로 남겨두었다.

환자가 증상으로 심하게 고통받고 있고 그 고통을 줄여주기 위한 도움이라 할지라도 환자에게 입원이나 약물 치료를 무조건적으로 강요해서는 안 된다. 증상이나 치료 방법에 대한 정보를 제공하지 않고, 즉 환자가 스스로 판단할 어떤 정보도 제공하지 않고 치료를 몰아붙여서는 안 된다. 이는 환자가 지니고 있는 정신과에 대한 반감을 키우고 치료의 효과와 지속성을 저해할 뿐이다. 환자가 약을 복용해야 한다면 약에 대한 정확한 정보를 가감 없이 제공하고 약물 치료를 설득해야 한다. 중간에 약을 먹지 않겠다고 한다면 또다시 설득하는 과정을 거쳐야 한다.

환자에게는 자신의 병을 받아들이고 스스로 고민할 수 있는 시간이 필요하다. 정신병적인 증상이 있다고 판단을 내릴 수 없는 게 아니다. 스스로 고민할 수 있는 시간만 준다면 입원을 받아들이는 환자의 마음이나 입원 경험도 달라질 수 있다. 약물 치료도 마찬가지다.

그는 이후 약에 대한 불신은 여전히 있었지만 꾸준히 외래를 방문해 면담하고 약을 처방받아 복용했다. 종종 사촌형과 함께 방문해 정신과 치료에 대한 걱정과 우려를 나누면서 치료를 이어나갔다. 그는 아르바이트를 하며 조금씩 모은 돈으로 사촌 형과 해외여행을 다녀오기도 했다. 중간에 위기가 없던 것은 아니다. 약에 대한 부정적인 태도가 쉽게 변하지 않은 것이 가장 큰 어려움이었다. 조금씩 호의적인 태도로 바뀌다가도 부작용으로 불편해지면 금세 다시 약을 불신했다. 마땅한 방법이 있었던 것은 아니다. 정기적으로 외래에 나올 수 있도록 약속해 함께 얘기할 수 있는 자리를 만들고 고민을 나누는 게 유일한 방법이었다.

나는 믿는다. 모든 인간은 스스로를 돌볼 수 있는 힘이 있다. 남이 함부로 그것을 빼앗아서는 안 된다. 환자가 치료의 주체가 될 수 있도록, 건강한 자기 돌봄의 기술을 익힐 수 있도록 돕는 것이 의사의 역할이다.

오늘날은 의료가 비정상적으로 발달한 나머지 건강한 자기 돌봄의 방식조차 빼앗아버린 건 아닌지 고민하게 된다. 현대 의학은 치료 과정에서 환자 개인을 배제한 채 강요의 언어를 너무 쉽게 선택한다. 전문가들은 정신과 환자는 스스로의 병을 인지하지 못하고 치료를 거부한다고, 병식insight이 없다고 흔히 말한다. 이런 우리의 태도가 환자가 지닌 자기 돌봄의 힘을 꺾어버리고 병을 부정하는 존재로 만든 건 아닐까.

# 8 미친 사람이 미쳤다고 하는 나라가 있다

## '미쳤다'는 말 너머의 아픔

나는 "너 미쳤냐?"라는 말을 많이 들었다. 아마도 나의 독특한 행동 때문인 것 같다. 내 스승은 나의 가장 큰 강점 가운데 하나는 광기라고 말하기도 했다. 무언가에 한번 빠지면 미친 듯이 달려드는 내 성향을 나의 강점으로 인정해준 것이다. 사람들은 누군가가 이상한 짓을 하거나 납득이 안 되는 행동을 할 때 흔히 농담 반 진담 반으로 "너 미쳤냐?"라고 말한다. 이 말만큼 빠져나가기 어려운 질문이 있을까. "난 미치지 않았어"라고 답하면 "미친놈이 미쳤다고 하는 거 봤냐?"라고 묵살하고, "그래 나 미쳤다"라고 응수하면 "이 자식 진짜 미쳤네"라는 답이 돌아온다.

'미쳤다'는 말은 일상에서 다양한 의미로 사용되어 낯설

지 않다. 요즘은 이 말을 감탄사로 쉽게 사용한다. 또한 상
대방을 비하하는 비속어로도 쓰고 욕설로도 쓰지만 칭찬
할 때 쓰기도 한다. 우리 일상의 언어 속에 자연스럽게 자
리 잡은 "너 미쳤지?"라는 말은 '미친 사람'에 대한 사람들
의 오랜 인식이 녹아든 표현일까. 처음은 어땠을지 몰라도
오늘날에는 그렇지 않다. 미쳤다는 말이 어떻게 이렇게 흔
하게 쓰이게 되었는지는 모르지만 어쨌든 이 말을 사용하
는 사람 모두가 정신질환자를 비하하려는 마음을 지니고
있거나 함부로 생각하는 것은 아니다.

그런데 정말 '미친 사람'이 "너 미쳤냐?"라는 말을 들으
면 마음이 어떨까. 그들에게 미쳤다는 건 마음이 아프다는
의미다. 스스로를 괴롭게 하는 망상과 환청으로 삶이 버겁
고 힘들다. 우리는 그들을 '미친 사람'이라고 부름으로써
단순히 이상한 취급을 하고 비웃고 놀리기 위한 말로 너
무 쉽게 사용할 뿐 아니라 그들을 '미친 사람' 속에 구겨넣
어 간단히 배제한다. 그들은 잘못된 인간이 아니라 단지
마음이 아픈 것일 뿐이다. 난 한 번만이라도 미친 사람의
사정을 생각해보면 좋겠다.

집에서 개그 프로그램을 보는 게 걱정된다던 환자가 있

었다. 왜 개그 프로그램을 보는 데 걱정을 하는지 궁금해서 물어보니 그는 웃다가 그대로 병원에 입원하게 될 수도 있다고 농담조로 이야기했다. 정신과 용어 중에 '바보 같은 미소'silly smile라는 용어가 있다. 환청 때문에 주변 상황과 상관없이 혼자서 웃는 것을 뜻한다. 환자는 혼자 개그 프로그램을 보다 웃으면 가족이 이를 보고서 '증상'이구나 생각해서 입원시킬지도 모른다고 얘기한 것이다. 그는 텔레비전을 보다가 웃겨도 잘 웃지 않게 되었다고 했다. 한 번 '미쳤던' 존재이기 때문에 자연스러운 행동도 정상으로 봐주지 않아 자신의 모습을 조절해야 하는 '웃픈' 현실이다.

정작 그를 화나게 하는 것은 가족들의 태도다. 환청이 들려서 힘들다고 말해도 꾀병이라며 잘 들어주지 않는 것이다. 그래서 그는 혼란스러워한다. 숨겨야 하는 것인지, 아니면 더 '잘' 드러내야 하는 것인지 모르겠다고 말한다. 그는 '미쳤다'라는 용어가 지닌 덫에 걸려버린 것 같다. 농담 반 진담 반으로 시작된 얘기에 같이 웃으면서도 내심 씁쓸해진다.

정신건강센터장을 할 때도 그렇지만 지금도 행정복지센

터의 사회복지사와 함께 정신적으로 힘들어하시는 분들의 집을 찾아간다. 가정 방문을 나가 대상자를 만나 내 직업을 정신과의사라고 소개하면, 가장 먼저 하는 말이 "저 안 미쳤는데요"다. 경계의 눈빛을 하고 잔뜩 긴장하며, 온몸으로 거부의 태도를 드러낸다.

최근에 나는 대상자를 자극하지 않기 위해서 정신과의사임을 드러내지 않는다. 수원시에서 자문을 하고 있는 의사로 마음이 힘든 데가 있는지 도와주러 왔다고 돌려서 소개한다. 우리 사회는 마음이 아플 때 아프다고 말할 수 없고, '미쳤다'를 넘어 그 안의 아픔을 보고 받아들일 수 없는 사회인 것 같다.


## 미쳤다고 말할 수 있는 나라

그런데 나는 미친 사람이 자진해서 미쳤다고 말하는 나라를 알고 있다. 바로 캄보디아다. '세계의심장'이란 이름으로 캄보디아에 다니기 시작한 지도 수년이 지났다. 지금은 정신보건사업을 진행하고 있지만 처음부터 내가 캄보디아에서 정신과 환자를 도운 건 아니었다. 정신과 진료를 하게 된 특별한 계기가 있었다. '세계의심장'에서는 매년 의료캠프를 연다. 정신과 진료는 따로 없고 다른 의료캠프처럼 기본적으로 내과 진료가 중심이었다. 나는 '세계의심장' 상임이사로서 진료를 보지 않고 캠프의 전체적인 운영을 도왔다.

한창 진료가 진행되는 중에 내과 진료를 보고 있던 한 의사가 내게 한 여자 환자를 봐달라고 부탁했다. 아무래도 정신과적인 문제가 있는 모양이었다. 우선 겉으로 드러나는 행동과 표정이 심상치 않았다. 통역을 거쳐 대화를 해보니 조현병을 앓고 있는 것이 분명했다. 조현병 유병률은 어느 문화권이나 나라와 상관없이 대개 일정하며 보통 100명 가운데 1명에게서 나타난다. 당연히 캄보디아에도 조현병 환자가 있을 터이니 새삼스럽지는 않았다.

다만 그가 한국의 환자와 달랐던 것은 거리낌 없이 자신의 증상을 나에게 얘기했다는 점이다. 그는 내과에 가서 배가 아프다고 얘기하는 것처럼, 자신이 환청 때문에 겪는 괴로움과 고통에 대해 얘기했다. 아픔을 표현하고 자연스럽게 도움을 요청했다. 사실 의사에게 아픈 곳을 얘기하고 도움을 청하는 자연스러운 이 장면이 한국에서는 결코 자연스럽지 않다.

우리는 보통 의사는 묻고 가족은 옆에서 추궁하며 환자는 부정한다. 하지만 캄보디아 환자들은 마음의 아픔을 숨기지 않고 드러낸다. 어째서일까. 캄보디아에는 정신병원이 없다. 그래서 미쳤다고 말해도 병원에 입원당할지 모른다는 두려움이 없어서일까. 미쳤다고 말해도 사람들이 '미쳤다'라는 말에 담긴 아픔을 바라봐주기 때문일까.

나는 그 환자에게 다음 달에 다시 오겠다고 약속해버렸고 그 후 매달 약을 챙겨 캄보디아로 갔다. 그렇게 '세계의심장' 캄보디아 정신과 진료가 시작되었다. 나중에는 'Chain-Free Movement', 즉 '쇠사슬로부터의 자유'라는 이름의 정신보건사업으로 커졌다.

처음에는 그저 환자를 찾아가 진료하는 것에 불과하던 사업이 확대되어 '희망 공동체'Hope Community라는 현지 비정부기구를 설립해 캄보디아인 의사와 간호사를 채용했고, 현지에 적합한 정신재활센터 모델을 만들기 위해 노력하고 있다. 캄보디아 안에서 전문가를 양성하기 위한 교육 사업도 준비 중이다. 정신보건체계가 이제 막 성장하고 있는 이곳이 과거 유럽과 한국의 잘못된 방식을 답습하지 않게 하려고 노력하고 있다. 또한 정신질환에 대한 잘못된 이해와 낙인이 생기지 않게 교육하고 있다. 이제는 남들에게 캄보디아의 정신보건사업을 소개하고 함께 가자고 손을 내밀 정도가 되었다.

꽤 많은 시간이 흘렀지만 정신질환을 받아들이는 그들과 우리의 태도가 다르다는 점, 마음의 아픔을 단순히 아픔으로 얘기할 수 있다는 점이 내게는 놀라운 깨달음이자 계속 이어질 고민으로 남아 있다.


## 미치지 않았다는 말이 아닌
## 아프다는 말로 시작하는 사람들

캄보디아의 캄퐁치낭시에서 정신과 진료를 보고 있을 때였다. 한 시골 마을을 방문해 진료를 하는데 낯선 남자가 우리에게 다가왔다. 언뜻 보기에는 어디가 안 좋은지 알기 어려웠다. 캄보디아 현지인 직원이 남자와 이런저런 얘기를 한참이나 나눈 끝에 한글과 영어를 섞어 나에게 자초지종을 설명해줬다.

남자는 우리가 진료하던 환자와 같은 동네에 살고 있

는 이웃이었다. 이 남자에게도 우리가 치료하던 남자와 비슷한 증상인 환청과 망상이 있었는데 이웃사람이 준 며칠분의 약을 먹자 증상이 나아져 오늘 우리가 온다는 얘기를 듣고 자신도 진료받기 위해서 찾아온 것이다.

비슷한 어려움을 겪는 사람이 도움받는 것을 보고 자신도 도움받기 위해 제 발로 '정신과의사'를 찾아왔다. 이 사람들은 정신질환에 대한 인식이 없는 만큼 낙인이나 편견도 적다. 정신과의사도 두려워하지 않는다. 캄보디아 사람들은 자신이 정신질환자라고, 미친 사람이라고 여겨지는 것을 두려워하지 않는다. 이들은 증상으로 인한 괴로움을 덜어내기 위해 의사에게 도움받는 것을 가장 중요하게 생각한다. 우리나라에서는 당연하지 않은 풍경이 이곳에서는 당연하다. 여기서는 진료 때 환자가 자신의 증상에 대해 거리낌 없이 이야기하는 모습을 자주 볼 수 있다.

캄보디아 정신과 진료를 동행했던 전임홍 선생은 글을 통해 캄보디아 사람들이 정신질환을 받아들이는 태도를 이렇게 내시했다.

잔뜩 불만스러운 표정으로 가족들에게 억지로 끌려오다시

캄보디아 사람들은 정신질환에 대한 인식이 없는 만큼
낙인이나 편견도 적다. 정신과의사도 두려워하지 않는다.
이들은 증상으로 인한 괴로움을 덜어내기 위해
의사에게 도움받는 것을 가장 중요하게 생각한다.
우리나라에서는 당연하지 않은 풍경이 이곳에서는 당연하다.

피 진료실에 들어온 환자는 가족들이 이야기하는 환청과 망상을 전적으로 부정하며 이야기합니다. "전 미친 사람이 아니에요. 진료받을 필요가 없다니까요!" 우리나라에서 조현병 환자들을 진료하다 보면 흔히 볼 수 있는 장면입니다. 환자들은 증상으로 힘든 것보다 본인들이 '미친 사람'으로 여겨지는 것을 더 힘들어합니다. 병을 치료하려고 하는 정신과의사에게도 자신들의 증상을 이야기하지 않습니다. 자신들의 증상을 솔직히 다 이야기했다가 '미친 사람'으로 낙인찍히게 될까 두려워하는 것이겠지요.

이와 달리 캄보디아에서는 의외의 광경들이 계속되었습니다. 환자들은 자신들이 겪는 환청과 같은 '특이한 경험'들에 대해서 가감 없이 이야기했고 이로 인해 불편함을 겪을 정도가 되면 치료받길 스스로 원하고 있었습니다. 마치 기침과 콧물이 계속되니 이에 대한 약을 달라고 하는 것처럼 말입니다.

이러한 모습은 다행히 아직 캄보디아에서는 물리적인 사슬보다 더 악독하고 지속적인 사슬, 즉 정신과적 질환을 앓는 환자들에 대한 편견이 없기 때문에 가능한 것이었습니다. 캄보디아 진료 현장에 온 많은 환자는 그들의 이웃들이 의뢰했고 그 이웃들은 진료 현장까지 찾아와서 그들의 증상에 대해 자세히 설명해주었습니다. 증상이 호전된 환자들은 한국의 환자들보다 확연히 더 밝은 표정을 유지했고 지역사회에서 잘 적응하고 있었습니다.

캄보디아에서는 환자 자신이나 가족 모두 증상이 있는 것을 미쳤다거나 정신이상이라는 개념으로 받아들이지 않는다. 환청이 들리고 누군가 날 해칠 것 같다는 생각이 머릿속에 자꾸 떠올라 너무 괴롭고 '아프다'고 말한다. 아픔을 '아픔'으로 얘기하고 도움받는다. 주변 사람은 증상으로 고통받는 사람을 우리처럼 '미쳤다'고 취급하며 배제하고 혐오하지 않는다. 원래 안 그랬던 사람인데 왜 그럴까, 안됐다 등 걱정의 눈길을 보내고 충분한 도움을 받아 그 사람의 아픔이 줄어들기를 바란다.

캄보디아에는 정신병원처럼 환자를 보호할 만한 시설이 없다. 따라서 통제되지 않는 환자의 경우 대개 집 안에 묶어둔다. 가족은 다른 방법이 없고 어쩔 수 없어 환자의 발목에 쇠사슬을 채운다. 묶였다 풀려난 환자에게 묶였던 경험에 대해 물어보면 대개 묶인 것에 대해 분개하거나 자신을 구속했다고 화내지 않고 어느 정도 받아들이고 인정한다. 그들은 자신을 묶은 것이 자신을 위해서 한 일임을 안다. 동네에서, 사회에서 자신을 배제하려는 것이 아님을 잘 알기 때문이다.


## 기다림과 관심

물론 모든 환자나 가족이 자진해서 자신의 병이나 아픔을 인정하는 것은 아니다. 캄보디아에도 종종 자신의 증상을 부정하고 치료를 거부하는 경우가 있다.

한 조현병 환자는 우리가 만날 당시 17년이나 갇혀 지낸 상태였다. 이 집을 찾게 된 것은 알고 지내던 이웃이 갇혀 있는 남자를 알고 있어 우리에게 도움을 청했기 때문이다. 그의 집은 캄퐁치낭시 중심부에 있었고 겉보기에는 번듯한 외형을 갖추고 있었다. 내부는 더 깔끔했다. 화단은 줄지어 잘 정돈되어 있었고 마당에는 흔한 쓰레기 하나 볼 수 없었다.

그러나 집 안 구석에 내부와 어울리지 않는 쇠창살이 달린 건물이 있었고 그곳에는 아무것도 걸치지 않은 나체의 남자가 있었다. 남자는 환청과 망상 등 심한 정신병적 증상을 보였다. 그는 대부분 갇혀서 생활했으며, 식사와 목욕도 쇠창살이 달린 방 안에서 해결했다. 나는 그와 어머니 그리고 이모를 만나 면담을 한 뒤 잘 챙겨 먹으라는 당부와 함께 약을 처방해주었다.

한 달 후 다시 그의 집에 방문한 날은 유독 날이 흐렸다. 외출했는지 문은 잠겨 있었다. 대문 사이로 보이는 깔끔한 집 안은 사람이 없어서인지 을씨년스럽게 느껴졌다. 얼마 지나지 않아 어머니와 이모가 돌아왔는데 표정이 좋지 않았다. 손에는 먹지 않은 약이 들려 있었다. 어머니와 이모는 전과 달리 태도가 변해 아들의 몸속에 신이 있으니 약은 필요 없다며 우리에게 오지 않아도 된다고 했다. 저 멀리 쇠창살 틈으로 남자의 모습이 보였지만 우리는 내쫓기듯 집 밖으로 나왔다. 언제든 돕겠다는 말만 남기고 황망히 다음 진료 장소로 이동했다.

그의 어머니는 캄보디아의 수도 프놈펜에서 대학교수를 지낸 엘리트였다. 하지만 정신질환에 대해서는 알지 못했고 과도한 종교적 믿음으로 아들의 치료를 거부했다. 남자는 우리의 도움이 필요하지 않았을까? 그건 알 수 없지만 어머니와 이모는 아들의 증상이 병이라고 생각하지 않았고 치료를 완강히 거부했다. 어머니에게 화도 내고 사정도 해서 치료를 설득하고 싶었지만 그럴수록 밀어내고 거부 감만 커질 거라는 것을 알기에 할 수 있는 건 기다림뿐이 었다.

치료를 원치 않는 또 다른 사람이 있었다. 캄퐁치낭시에 서 멀리 떨어진 마을에 살던 이 환자는 다른 사람이 자신 을 해칠 거라는 심한 망상이 있었다. 그는 가족을 제외한 이웃과 교류하지 않았고 오랫동안 집 안에서 생활했다. 진 료를 위해 그를 만나러갔지만 그는 낯선 사람들에게 경계 심을 보였다. 특히 한번도 본 적 없는 외국인이 자신을 만 나러온다는 사실이 그가 지닌 망상을 자극하는 것처럼 보 였다. 나를 비롯한 다른 사람들은 그와 인사를 나누는 것 조차 조심스러웠다. 다행히도 현지 직원에 대한 거부감은 덜해 나는 집 밖에서 기다리고 현지 직원만 들어가 그와 대화를 나눴다.

그의 가족과 진행한 면담과 현지 직원이 들려준 그와의 만남을 종합해봤을 때 증상이 심해 빠른 약물 치료가 필 요하다는 판단이 섰지만 쉽사리 제안하기 힘들었다. 아무 리 환자의 증상이 심해 치료가 급박하다고 해도 함부로 치료를 권해서는 안 된다. 우선 환자가 치료를 받아들여야 한다. 이럴 때일수록 환자에게 보조를 맞춰 천천히 다가가야 한다. 우선은 그와 친해지는 게 먼저였다. 나는 약을 처방하지 않고 직원에게 자주 그를 찾아가 대화를 나누라고 했다. 그가 거부하더라도 꾸준히 찾아가 조금씩 마음을 열어야 한다고 했다.

시간이 지나고 어느 정도 신뢰 관계가 형성되자 그는 약물 치료를 받아들였다. 그는 이후에도 한동안 나를 만나주지 않고 현지 직원과만 얘기를 나눴다. 하지만 서두르지 않고 조심스럽게 다가간 덕분에 지금은 증상도 많이 좋아졌고 이제는 나와도 직접 만나 이야기를 나누게 되었다.

처음에 그는 괴로워했지만 치료를 원하지는 않았다. 이곳에서도 모든 사람이 자신의 병을 아무렇지 않게 인정하는 것은 아니다. 그렇기 때문에 환자와 가족이 받아들일 수 있는 충분한 시간이 필요하다. 더불어 그들에게 도움을 주고자 하는 진심 어린 마음을 보여줘야 한다. 이 역시 시간이 필요하다. 그런 마음으로 다가갈 때 환자들은 우리의 마음을 이해하고 자신의 아픔을 내보이게 된다. 한국과 캄보디아 두 나라에서 정신질환과 그 증상을 대하는 태도에

는 다른 부분도 있고 같은 부분도 있지만 그들에게 필요
한 건 진심 어린 도움과 관심이라는 사실만은 같다.


## 미친 게 아니라 아픈 것

사회적 기업 주식회사 '우리동네'를 통해 중증 정신장애
인과 많은 일을 벌였다. '우리동네'는 정신장애인분들에게
일자리를 제공해 경제적인 활동을 지원하고 이를 통해 사
회에 잘 적응할 수 있게 돕고 싶은 마음으로 시작한 사회
적 기업이다. 2007년, 이들과 함께 편의점을 운영할 때의
일이다. 함께 일하던 직원들과 1박 2일로 워크숍을 갔다.
다 같이 찜질방에 가고 싶다고 해서 근처에 있는 찜질방
을 가게 되었는데 약 먹을 시간이 되자 장난을 좋아하는
유쾌한 직원이 한 가지 제안을 했다. 자신들이 찜질방 한
가운데에 일렬로 줄을 서 있을 테니까 선생님이 자신들에
게 약을 찢어 달라는 농담이었다. 정신병원에서의 경험을
다시 한번 맛보고 싶다고 하면서 말이다.

폐쇄병동에 입원했던 일은 참 아팠던, 정말 힘들었던 경
험일 것이다. 타의로 입원하는 많은 사람이 약을 거부한

다. 왜 먹는지 모르고 강제로 '투약'받기 때문인데 그는 이렇게 상처로 남은 과거를 놀이의 방식으로 승화하고자 했다. 병을 희화화하고 싶었던 것이다. 그도 자신이 '미쳤다'는 것을 드러냈을 때 사람들이 보낼 시선을 모르지 않았다. 그렇지만 자신이 지니고 있는 아픔을 드러내도 받아들일 수 있는 사람들이 곁에 있다는 믿음이 있기에 이제 그는 아픔을 웃음거리로 삼을 수 있었다.

'미친 것'을 단순히 미쳤다가 아니라 힘듦이나 아픔으로 이해해야 한다. 그들도 자신들이 지닌 고통과 아픔을 얘기하고 도움을 요청하고 싶어 한다. 우리가 그들에게 미쳤다는 멸시와 차가운 냉대를 보내왔기에 그들은 침묵한 채 혼자서 괴로워할 수밖에 없었다.

캄보디아 사람들은 자신의 아픔을 얘기하고 주변에 도움을 청하면, 사람들이 아픔 그 자체를 이해하고 받아들일 거란 기대가 있고 그런 경험도 많다. 숨김 없이 자신의 아픔을 드러낼 수 있는 것이다. 우리 사회도 아픔을 얘기할 수 있고 아픔을 받아들일 수 있는 사회가 되면 좋겠다.

# 9 함께 살기 위해 준비해야 할 일곱 가지

## 수용의 시대

정신과와 정신과의사 그리고 정신질환이라는 개념은 19세기에 나타나기 시작했지만 '광인'은 어느 시대에나 존재했다. 그러나 원인도 모르고 치료법은 더욱 알 수 없는 이 어려움을 신이나 악령의 저주 외에는 달리 설명하지 못했다. 거의 실성해 난폭하고 통제할 수 없던 사람은 전적으로 가족이나 마을이 책임져야 했다. 그들을 묶어서 움막이나 가축우리에 가두는 것이 수용소 이전 시대에 가장 보편적인 방법이었다.

나는 캄보디아에서도 이러한 모습을 목격했다. 앞서 말했던 것처럼 캄보디아는 정신보건체계가 열악하고 정신병원이 없다. 따라서 중증 정신질환으로 폭력적이거나 행동이 조절되지 않는 경우 가족이 쇠사슬로 묶어놓고 집 안에서 돌본다. 물론 환자 가운데 크게 위협적이지 않고 혼자 중얼거리며 동네를 배회하는 사람도 있다. 일부 환자는 사원에서 지내기도 하는데 이 또한 과거 정신질환자를 종교기관에서 구휼의 대상으로 삼아 돌보던 모습과 비슷하다. 이처럼 유럽과 우리나라를 비롯한 거의 모든 나라에서 수용소 이전 시대에는 가족과 마을 그리고 종교 기관이 일차적인 돌봄 주체의 역할을 했다.

앤드류 스컬Andrew Scull, 1947- 은 『광기와 문명』*Madness in Civilization*에서 "중세와 근대 초에는 이러한 시설이 규칙이 아니라 예외였음을 반드시 기억해야 한다. 당시 대부분 광인은 여전히 가족의 책임이었고 지역사회에 남아 있었다. 위험하다고 여겨져서 갖가지 임시방편을 통해 갇혀 있었건, 위험하다고 여겨지지는 않아서 돌아다니도록 (그러다 쇠약해지도록) 방치되어 있었건 말이다"*라고 했다. 유럽에는 이전에도 광인을 감금하는 소수의 수용소가 존재했지만 17세기에 이르러 구빈원과 구치소 등에 광인이 감금

---

* 앤드류 스컬, 김미선 옮김, 같은 책.

되기 시작하면서 수용시설은 그 수가 점차 늘었다. 초기에는 나병환자, 노숙인, 성병환자 등과 구분 없이 함께 수용하다가 이후 광인을 전문적으로 수용하는 시설도 생겼다.

앞서 살펴본 것처럼 19세기 들어 수용 자체가 단순히 가두는 것이 아니라 치료적으로 활용될 수 있다는 생각이 확산되었고 수용으로 광인들에게 인도적인 처우를 할 수 있다고 믿었다. 유럽에는 '수용소의 시대'라고 명명될 만큼 대규모 수용소가 곳곳에 설립되었다. 수많은 광인이 가족을 떠나, 마을에서 자리를 잃고 수용소에 자리 잡았다.

하지만 20세기 초 수용소는 밀려오는 광인을 더는 감당할 수 없는 지경에 이른다. 광인들을 개별적으로 치료하고 돌보는 일은 불가능했고 단지 가두어둘 수밖에 없었다. 이에 에드워드 쇼터Edward Shorter, 1941- 는 『정신의학의 역사』 *History of Psychiatry*\*에서 "수용소의 창궐은 선의에서 출발한 것이 어떻게 참담한 결과로 끝나게 되었는지에 관한 이야기다. 초기 정신과의사들의 꿈이 실패했음에는 의심의 여지가 없다"라고 말하기도 했다.

---

\* 에드워드 쇼터, 최보문 옮김, 『정신의학의 역사』, 바다출판사, 2009.

## 탈수용화 운동의 전개

　수용으로 환자를 치료할 수 있다는 희망은 무너졌다. 수용소는 미어터졌고 환자들은 그 안에서 치료와 거리가 먼 비인격적인 처우를 받았다. 수용 자체가 초래하는 여러 문제가 불거졌다. 정신과의사 프레더릭 레틀리히Frederick Redlich는 "환자가 어린아이 같은 것은…… 우리가 환자를 어린아이 취급해서"라고 언급하며 수용의 효과에 대해 의문을 제기했고, 러셀 바튼Russell Barton은 '시설신경증' Institutional Neurosis이라는 용어를 제안하기도 했다. 어빙 고프먼Erving Goffman, 1922-82은 『수용소』*Asylums*에서 다음과 같이 진단했다.

　　"마찬가지로 정신병원 연구자는 환자들이 지녔다고 하는 광기와 '병적 행태'가 오로지 정신병의 산물만은 아니라는 것을 깨닫는다. 그것들은 대부분 환자에게 그러한 증세를 부여하는 사람과 환자들이 속한 상황과의 사회적 거리의 산물이다"*

　　　* 어빙 고프먼, 심보선 옮김, 『수용소』, 문학과지성사, 2018.

이러한 목소리는 유럽에서 반정신의학 또는 비판적 정신의학 운동과 함께 퍼져 나갔다. 1950년대와 1960년대를 중심으로 기존의 수용 중심 치료에서 벗어나기 위한 '탈수용화' 운동이 곳곳에서 일어났다. 이러한 결과 유럽은 각 나라마다 정신보건체계를 지역사회 중심으로 구축하기에 이른다.

나라마다 구체적인 형태는 달랐지만 대형 정신병원의 기능을 축소하고 입원을 대체할 수 있는 대안적 치료 프로그램을 확충했다. 또한 정신건강센터를 설립하는 등 지역사회에서 생활하기 위한 기반을 마련하는 데 초점을 맞췄다. 영국은 제2차 세계대전 이후 예방 차원의 서비스 및 지역사회 중심의 정신보건체계를 갖추기 시작했으며, 낮병원이라는 새로운 형태의 치료 시도와 병원의 잠긴 문을 개방해 환자들이 자유롭게 드나들 수 있도록 한 개방병동을 도입했다.

이탈리아는 정신병원 폐쇄 운동을 한 프랑코 바잘리아 Franco Basaglia, 1924-80로 대표되는 정신보건 개혁운동을 거치며 각 지역마다 각기 다른 방식으로 기존의 정신보건체계에 부분적 또는 전면적 수정을 가했다. 정신병원은 점진적으로 문을 닫고 환자들이 지역사회에서 살아갈 수 있는 시설들이 건립되었다.

미국에서는 19세기에 도로시 딕스Dorothy Dix, 1861-1951가 도덕 치료를 들여왔다. 당시 그도 환자를 그냥 가두기만 하는 게 아니라 인본적으로 잘 치료하면 회복될 거라고 믿었고 주의회를 설득해 수많은 주립병원을 건립했다. 그런데 역설적이게도 너무 많은 사람이 갇히게 되어 수용화의 문제가 벌어지게 되었다. 도덕 치료는 큰 비판에 직면했다. 정신질환 때문에 망가지는 게 아니라 시설에 감금되면서 더 망가진다는 의식 및 인권 문제가 대두되었다. 『뻐꾸기 둥지로 날아간 새』를 비롯한 여러 작품에서 정신병원이 비판적으로 묘사되었다.

이러한 결과 미국에서도 1960년대와 1970년대를 거치면서 급격하게 탈수용화가 진행되었다. 하지만 미국은 지역사회 차원에서 충분한 준비가 되어 있지 않았다. 무작정 환자를 내보낸 결과 새로운 사회적 문제가 생겼다. 거리에 부랑자가 증가하고, 정신질환사에 의한 범죄가 늘어났으며, 여러 병원을 전전하며 재입원하는 '회전문' 현상이 벌어졌다. 탈수용화 과정을 예측하지 못했고 준비하지도 못했기에 벌어진 문제였다.

이처럼 미국은 탈수용화로 인한 문제로 큰 곤란을 겪었고, 유럽에서도 크고 작은 위기에 직면했다. 중증 정신질환자를 돕기 위해 시도했던 수용 중심의 치료가 실패하고, 그 실패를 '만회'하기 위한 탈수용화 또한 우여곡절을 겪었다.

서양에서 어떤 문제를 겪었는지 살펴보고 우리나라는 시행착오를 겪지 않기 위해 더욱 체계적으로 준비해야 한다. 단순히 정신병원에서 무조건 퇴원한다고 문제가 끝나는 건 아니다. 무조건적으로 입원을 반대하는 것도 아니다. 섣부른 입원 제한으로 오히려 원치 않는 문제가 벌어질 수도 있다. 다음은 우리가 탈수용화 과정에서 준비해야 할 일곱 가지 방법을 정리했다. 우리가 어떤 준비를 해야 하는지 고민해보자.


## 탈수용화를 위한 일곱 가지 방법

### 첫째, 오래 입원한다고 더 좋아지는 것은 아니다

흔히 탈수용화라고 하면 우선적으로 떠오르는 것이 정신병원에 입원해 있는 환자를 퇴원시키는 것이다. 여기에 초점을 두는 것은 원초적인 의미의 탈수용화다.

국립병원에서 수련받을 당시 병원에 입원해 있는 많은 환자를 만났다. 내가 생각할 때는 충분히 치료가 되었고 밖에서 살아갈 수 있을 것 같은데 퇴원하지 못했다. 환자의 부모는 퇴원해봐야 이전처럼 또 나빠질 것이고 입원과 퇴원이 반복될 것이라며 데려가지 않았다. 환자는 여기서 백날을 사는 것보다 단 하루를 살더라도 바깥에서 살고 싶다고 하며 똥 밭에 굴러도 저승보다는 이승이 더 낫다는 표현을 하기도 했다.

퇴원에 분명한 기준이나 조건이 있는 것은 아니다. 정신과적 증상이 모두 없어져야 나갈 수 있는 것도 아니다. 증상이 있더라도 품고 살아갈 수 있다. 증상이 안정화된 환자가 있으면 내보내야 한다. 입원하더라도 적극적인 치료로 짧은 기간만 입원하게끔 해야 한다. 문제는 그들이 막상 퇴원하더라도 살 곳이 없고, 돌볼 사람이 없고, 시간을 보낼 활동이나 할 일이 없다는 데 있다. 이런 문제로 입원과 퇴원을 반복하는 만성환자가 많다.

## 둘째, 손님 맞을 준비를 하라

환자를 내보내는 것만으로 수용 문제가 해결되지 않는다. 정신병원을 대체할 수 있는 정신건강센터 및 주거와 재활을 위한 시설 등 대안적인 시설이 필요하다. 이러한 시설들은 병원에서 나온 이들을 지역사회에 머물 수 있도록 지원한다.

정신건강센터장을 할 때 만났던 한 환자가 있다. 그는 정신병원에서 10년 이상 생활하며 입원 생활을 잘 이어 나갔다. 입원한 이후 부모님이 다 돌아가셔서 퇴원해도 갈 곳이 없어 병원을 집처럼 여기며 살았다. 돈은 따로 받지 않고 병원 일을 도우며 지냈다. 그러다 나이가 들어 50세가 되자 퇴원해서 나가 살고 싶어졌다. 병원에 얘기해보았지만 병원에서는 그를 나가지 못하게 했다.

그는 퇴원을 요구하며 화를 내고 소란을 피웠다. 병원은 그제야 1만 원을 쥐어주고 내보냈다. 그는 병원에서 동사무소로, 다시 정신건강센터로 연계되었다. 퇴원했지만 머물 집이 없고 가족이나 친척도 없는 상황이라 며칠은 센터에서 생활하도록 했고, 이후에는 센터 근처에 있는 고시원에서 지내도록 했다. 그동안 센터는 급하게 그의 주거

공간을 마련했다. 병원에서 나온 직후 꼭 필요한 도움을 제때 받은 그는 이후 지역에서 잘 적응하며 살고 있다.

미국의 대통령 존 케네디John Kennedy, 1917-63는 정신건강센터 건립을 위한 법률 시행과 관련해 다음과 같은 대국민 담화를 발표했다.

"지금 우리는 새로운 정신질환자 관리의 출발점에 있습니다. 이번 지역사회 정신보건사업을 통해 현재 수용 중인 정신질환자의 수가 몇 십 년 후 현재의 절반 수준으로 감소할 것입니다. 그들에게 자신들이 살아갈 사회의 따뜻함을 느낄 수 있도록 배려하는 마음의 여유가 있었으면 합니다."

나는 한국에도 이런 연설을 하는 대통령이 있다면 정치적 견해나 정당을 떠나서 지지할 수 있을 것 같다. 미국은 탈수용화를 추진하며 지역사회에 나왔을 때 잘 적응할 수 있는 정신건강센터 건립을 중요한 과제로 삼았다. 이탈리에서도 바잘리아가 트리에스테Trieste에서 정신병원을 폐쇄할 때 병원의 대안적 시설로 정신건강센터를 철저히 준비했다.

병원에서 퇴원한 환자를 가족이 전적으로 돌볼 수는 없다. 가족의 부담을 덜어주고 지원해줄 수 있는 서비스가 필요하다. 가족이 없다면 지역에 거주할 수 있는 주거시설이 있어야 하고, 종국에는 독립된 생활로 이어질 수 있는 일련의 훈련 과정이 준비되어야 한다. 또한 낮에는 치료를 받거나 직업훈련을 받을 수 있는 시설도 필요하다.

한국에도 중증 정신질환자를 돌보기 위해 정신건강센터가 설립되었지만 제 기능을 충분히 발휘하지는 못하고 있다. 지역사회 현장에는 지역에 살고 있는 정신질환자를 직접 만나 도움을 줄 수 있는 의사가 거의 없다. 대부분 정신건강센터 의사가 센터장을 맡고 있지만 비상근이라 일하는 날도 적고 출근하는 날에도 회의나 행정 업무를 처리하느라 바쁘다. 따라서 의료적인 역할은 약해지고 정신건강센터의 전문성은 크게 떨어진다. 또한 정신건강센터는 보건소가 관리·감독을 맡고 있는데 과도하게 실적을 중시해 보여주기식 사업에 치중하고 관료화되어 있다.

정신건강센터의 예산 부족은 여러 문제의 원인이다. 인력이 충분치 않아 직원 한 사람이 여러 정신질환자를 돌봐야 해서 근무 부담이 심하다. 이러다 보니 장기근속이 어렵고 이직이 잦다. 사업의 지속성은 유지되기 어렵고 무엇보다 정신건강센터의 등록회원은 담당직원이 계속 바뀌어 충분한 신뢰 관계를 형성하기 어렵다. 정신질환자와 관련된 이슈만 있으면 정신건강센터를 중심으로 문제를 해결하겠다고 하는데 책임도 많고 역할도 많아 이도저도 아닌, 제대로 기능하지 못하는 기관이 되었다. 또한 주거시설은 극도로 부족하고 직업재활센터는 전무하다. 전부 흉내만 내고 있다.

국회입법조사처도 2019년 입법영향분석보고서 제42호를 통해 2016년 개정된 '정신보건법 전부 개정'은 탈수용화의 정책적 추진으로 이어지지 못했음을 지적했다. 이에 "지역사회 차원의 조직적 연계와 동원 그리고 인력과 시설 등 인프라 확충을 통해 정신질환자에 대한 체계적인 보건복지 통합서비스 공급체계를 구축해야 한다"고 보고했다.

### 셋째, 돌고 돌지 않게 하라

집이나 주거시설에서 생활하고 정신건강센터에서 사례관리 서비스를 받더라도 사회에 있다 보면 힘들어서 자의로 병원에 되돌아가는 경우가 있다. 범죄를 저질러 교도소에 들어가거나 아무런 돌봄도 받지 못해 노숙인이 되는 경우도 많다.

한 환자는 정신병원에서 퇴원한 후 처음에는 가족과 함께 살았지만 계속되는 갈등으로 주거시설에서 생활했다. 하지만 시설의 환경이 열악하고 정신병원보다 통제가 더 심해 오래 있지 못했다. 그는 정신병원이 더 편하다며 입원을 반복했다. 이처럼 지역에서 살 수 있도록 사례관리를 하고 적극적으로 돕는데도 조금만 힘들어지면 정신병원으로 되돌아가는 환자도 있다.

정신건강센터장을 할 때부터 노숙인지원센터를 지원했고 현재도 운영위원으로 돕고 있다. 나는 10년 전부터 노숙인 가운데 정신장애를 앓고 계신 분이 늘어날 거라는 얘기를 했다. 탈수용화를 강조하기만 하면서 준비를 충분히 하지 않는다면 벌어질 현상이었다. 실제로 일을 하다 보면 노숙인 가운데 중증 정신질환자의 비율이 많이 늘어난 것을 경험하게 된다.

중증 정신질환자도 지역에서 살다 보면 범죄를 저지르는 경우가 있다. 나는 흔히 보호관찰소로 알려진 준법지원센터에서 치료명령제 분과 위원장으로 일하는데 죄를 저지른 정신질환자를 많이 만난다. 2019년 대한신경정신의학회는 '정신보건법 전부 개정'이 시행된 2017년 정신질환 병상 수가 작년 대비 14.7퍼센트 감소했다고 발표하면서 같은 기간 정신장애인 범죄자가 8.9퍼센트 늘었다고 보고하기도 했다.

병원에서 퇴원했지만 제대로 된 돌봄을 받지 못해 다시 입원하는 현상을 '회전문 현상'이라고 한다. 또한 병원에서 퇴원한 후 교도소에 가거나 노숙 생활을 하는 등 더 좋지 않은 시설로 들어가게 되는 것은 '횡수용화'라고 한다. 이러한 현상들은 탈수용화를 비판하는 주요 소재가 되었다. 우리도 탈수용화의 과정에서 이러한 일이 벌어지지 않도록 집중 사례관리 및 재활 훈련을 제공해야 하며, 정신질환자의 지역사회 복귀를 지원하는 '중간 집'을 적극적으로 활용하는 등 체계적인 정신보건체계를 구축해야 한다.

지금까지 나는 만성화된 입원 환자를 지역에서 잘 살게 하고 입원하시 않게 막는 것에 초점을 두었다. 이세 수용된 사람을 내보내는 것뿐 아니라 입원 전에 어떻게 하면 입원하지 않게 하고 잘 치료받게 할 수 있을지를 고민해야 한다.

### 넷째, 입구를 봉쇄하라

수원시 소재 행정복지센터에서 한 사례에 대한 의뢰가 들어왔다. 마을 외딴 곳에 움막을 짓고 사는 사람이 있다는 것이었다. 그는 제대로 말하지 못해 의사소통이 잘 되지 않았고 알아들을 수 없는 혼잣말을 했으며 엉뚱한 행동을 했다. 누가 봐도 정신적으로 어려움이 있어 보였다. 그는 주변 교회의 도움으로 살아가고 있었는데, 특히 한 장로가 그를 설득해 병원에도 데려가는 등 많은 도움을 주고 있었다.

행정복지센터에서는 그에게 치료가 필요할 것 같아 정신병원 입원을 시도했지만 병원에서 거부했다. 내과에서는 보호자가 없고 의사소통도 되지 않으며 정신적인 문제까지 있어 받아줄 수 없다고 했고, 정신과에서도 비슷한 이유로 입원이 안 된다고 했다.

나는 그분을 모시고 병원에 오라 했다. 입원이 아닌 외래로 도움을 드려 보고자 했다. 혼자서는 매일 약을 복용하는 것이 어려워, 한 번 맞으면 한 달간 지속되는 장기지

속형 주사제를 투여했다. 행정복지센터 직원과 교회 장로가 그를 외래에서 치료받으며 생활할 수 있도록 도왔다. 그는 지속적인 치료로 증상이 안정되었고 나중에는 움막에서 나와 공공임대주택에 입주해 생활하기 시작했다.

아이러니하게도 그는 어디에서도 입원을 받아주지 않아 입원할 수 없었고, 외래를 통한 치료를 받게 되었지만 입원하지 않고도 충분히 잘 치료받았으며 건강하게 지역에서 살고 있다. 이처럼 입원이 아닌 다른 대안적 치료를 실시해 입원 없이 그들을 도울 수도 있다. 입원을 대체할 수 있는 중간단계 치료의 활성화를 통해 입원 중심의 치료에서 벗어나는 것이 중요하다.

**다섯째, 한 발 앞서 적극적으로 치료하라**

정신질환은 어느 순간 갑자기 생기지 않는다. 우리가 관심 있게 지켜본다면 정신병적 증상이 발병하기 전에 발현되는 증상들을 잘 조절해 충분히 예방할 수 있다. 중증 정신질환에 취약한 사람들을 위한 대책이 필요하다.

조현병으로 치료받고 있는 환자의 자녀들은 정신과적 어려움을 지니고 있는 경우가 많다. 일반적으로 조현병이 발병할 확률은 1퍼센트지만 부모 가운데 한 사람에게만 조현병이 있어도 자녀에게 조현병이 발병할 확률은 10배가량 높아진다. 물론 조현병이 자녀에게 무조건 유전되는 병은 아니다. 하지만 확률을 통한 위험성을 인지하고 사전에 필요한 예방을 하는 것은 중요하다. 나는 때때로 환자의 자녀에 대해 물어본다. 필요하다면 약물 치료까지는 아니더라도 면담을 받을 수 있게 하고, 병원에 오지 않더라도 부모와 충분한 대화를 통해 혹시 모를 증상을 발견해 예방할 수 있도록 부모에 대한 교육을 실시한다.

단순한 우울감이나 불안 같은 증상 이외에 타인을 심각하게 의식하고 누군가 자신을 욕한다고 느끼는 관계사고나 피해사고를 보이는 환자의 경우 그것이 피해망상 등 심각한 증상으로 발전하지 않도록 적극적으로 개입해 치료해야 한다. 심각하지 않은 질환이 심각한 중증 정신질환이 되지 않도록 도와야 하는 것이다.

### 여섯째, 정신병원을 병원답게 만들어라

입원을 막는 것만이 탈수용화 전략은 아니다. 최고의 치료를 위한 공간과 치료적 환경을 갖추고 환자에게 자유를 보장하는 병원이라면 입원도 하나의 방법이 될 수 있다.

여섯째는 다시 병원에 초점을 맞춰 병원 자체를 변화시켜, '수용'이 아닌 치료다운 입원 치료를 제공하는 것이다. 정신병원이 굳게 걸어 잠근 자물쇠를 풀고, 정신병원을 진짜 병원처럼 만드는 일이다. 입원한다면 제대로 된 치료를 받아야 한다. 이는 단순하지만 가장 명료한 해답이다. 이를 위해 가급적 환자가 동의하지 않는 입원이 있어서는 안 되고, 병원의 환경 또한 폐쇄적이고 억압적이면 안 된다.

증상이 심한 환자도 충분히 개방된 병동 안에서 치료할 수 있다. 격리실처럼 폐쇄된 환경과 사지를 묶는 강박 그리고 과도한 약물사용 등 강압적인 치료를 하지 않아야 한다. 이를 위해 근본적으로 환자와의 관계 기반이 단단해야 한다. 충분히 긍정적인 관계가 형성되어 있다면 증상이 심한 환자도 격리나 끈으로 결박하지 않고 좋은 치료를 제공할 수 있다.

환자 가운데 입원이 꼭 필요한 사람도 있다. 정신병원의 역할에 대한 관점을 바꾸자. 정신병원이 좋은 치료를 제공할 수 있게 되고 사람들이 입원을 수용과 감금으로 여기지 않게 되면 환자는 휴식이 필요할 때 자유롭게 병원에 입원할 수 있다. 좋은 정신병원은 누구나 쉬고 싶다는 생각을 할 정도의 환경이어야 한다. 증상이 심해진 환자가 스스로 병원을 찾아와 쉬고 갈 수 있을 정도가 되어야 한다.

최적의 치료가 제공되고 치료적 접근을 위한 분위기를 만들기 위해 입원 대신 질 좋은 외래 치료를 활성화하는 것도 하나의 방법이다. 현재의 제도로는 최대한 시간을 단축시켜 많은 환자를 진료하고 약물을 중심으로 하는 치료가 되기 쉽다. 환자에게 관심을 기울이고 충분하고 세심한 면담이 진행될 수 있도록 건강보험 치료비 체계가 개편되어야 한다. 국립정신건강센터에 따르면 2017년 기준 1인당 정신보건 예산은 OECD 가입 유럽 국가들이 약 2만 4,000원인 데 반해 우리나라는 3,889원이었다. 10만 명당 정신건강 전문인력 또한 50.7명 대 16.2명으로 나타났다. 제대로 된 치료를 제공하기 어려운 구조다.

우리나라에서는 활성화되지 못하고 일부 병원에서만 시행하고 있는 낮병원도 하나의 방법이다. 쾌적하고 안정적인 환경에서 충분히 좋은 치료를 받을 수 있어야 한다. 국가는 이러한 치료가 이루어질 수 있도록 감금 비용이 아닌 치료 비용을 지불해주어야 한다. 앞서 언급했지만 2019년 정신건강 예산은 전체 보건 예산의 1.5퍼센트였다. WHO에서 권고하는 5퍼센트에 비교하면 여전히 낮은 수치다.

병원에서 치료를 제대로 하고, 바깥에서 도울 수 있는 체계를 잘 갖추더라도 가장 어려운 관문이 남아 있다. 정신질환자들은 단순히 물리적 공간에 갇혀 있는 것이 아니다. 어쩌면 병원보다 더 강력한 '수용소'인 사람들의 인식에 갇혀 있는 것이다.

### 일곱째, 우리 머릿속에 있는 담장과 쇠창살을 부숴라

탈수용화를 위한 마지막 준비는 물리적 실체를 지닌 병원이 아니라 무형의 형태다. 사람들이 지닌 생각과 사회의 관념 속에서 조현병 환자를 비롯한 모든 정신질환자를 자유롭게 해야 한다. 정신질환자는 병원에만 갇혀 있지 않다. 무엇보다 편견과 차별이 담긴 우리의 머릿속에 갇혀 있다. 사람으로서 대접받지 못하고 사회에서 고립되어 있다. 사회의 인식이 바뀌지 않는다면 정신질환자들은 계속

해서, 물리적인 병원보다 더 가혹한 수용 체계 안에 있는 것과 다름없다. 중증 정신질환자를 대하는 방식과 사고를 바꿔야 한다. 사회가 변해야 한다.

오랜 시간 걸쳐 형성되고 덧씌워진 사회적 관념과 편견 그리고 인식 체계는 최고로 견고하고 단단하며 쉽게 변하지 않는 수용시설이다. 이를 파괴하는 일은 물리적이고 공간적인 시설을 없애는 것보다 훨씬 어렵고 오랜 시간이 걸린다. 보이지 않는 이 수용소는 어떤 물리적 병원보다 그들을 억압하고 옥죈다. 편견을 넘고 낙인을 지워 사회가 정신질환자들을 자유롭게 한다면 진정한 탈수용화가 일어날 수 있다. 이런 사회라면 증상이 있어도 그들은 충분히 이 사회 속에서 살아갈 수 있다. 사람들의 생각이 바뀌고 사회가 변한다면 말이다.


## 모두가 건강한 사회를 위한 밑거름

나는 한국의 정신보건 역사를 보면 의문이 든다. 외국의 최신 기술을 아주 잘 받아들이는 우리나라가 왜 정신보건 분야에서는 철저하게 실패한 수용 중심의 치료를 들여왔을까. 마치 문명의 선물인 것처럼 말이다. 물론 도시에 환자가 늘어나는 상황에서 경제적인 측면을 고려했을 것이고, 수용 중심의 치료를 선호하는 일본의 영향이 컸을 것이다.

1995년 정신보건법이 만들어지면서 지역사회 중심의 치료를 하겠다고 선언했지만 지금까지 지역사회 정신보건 사업은 흉내만 내는 수준이며 오히려 수용을 늘리는 결과를 초래했다. 현재 우리나라에는 10만 병상에 달하는 병상이 있다. 나 또한 이러한 숫자에 일조했다.

앞서 살펴본 일곱 가지 탈수용화 방법에서 우리는 어디쯤 와 있을까. 내 생각에는 단 하나의 방법에도 깊이 있고 의미 있게 다가간 것이 없다고 생각한다. 각각 시도해왔고 시도하고 있는 것들이 있지만 뚜렷하고 분명한 성과는 없다.

정신병원에 입원해 있는 환자를 섣부르게 무조건 퇴원시켜야 한다고, 내보내야 한다고 말하는 것이 아니다. 치료가 필요한 환자가 병원에 입원하는 것을 무조건 막아야 한다는 것도 아니다. 내보내기 위해서는 병원 밖에서의 준비가 필요하다. 지역에서는 잘살 수 있도록 돕고, 힘들고 어려울 땐 병원에서 쉴 수 있어야 한다. 이처럼 탈수용화 방법 하나하나에 따른 준비가 필요하다. 철저하게 준비해야 한다. 우리 모두를 위한 것이다.

# *10* 삶의 거처에서 여럿이 함께 돌보다

## 지역사회에서 함께 살 수 있는 '조건'

10년 전쯤 수도회에서 운영하는 지적장애인 생활시설에서 자문 의사로 일했다. 시설의 규모와 운영체계 그리고 입소하신 분들을 대하는 직원의 자세는 내가 경험했던 여타의 시설과는 비교할 수 없을 정도로 모범적이었다. 시설의 대표로 계신 신부님이 입소자분들에게 최선을 다하는 모습이 참 감동적이었다. 지적장애인 부모 사이에서는 나름 소문이 자자해 이곳에 입소하려면 오랜 시간을 대기해야 할 정도였다.

시설은 법인에서 지원금을 받았지만 질 높은 운영을 위해 적극적으로 후원금을 모금하고 있었다. 시설 곳곳과 운영 전반에서 입소자분들을 위한 노력이 느껴졌다. 지적장애가 있는 분들도 어느 정도의 도움을 받으면 장애인고용지원법 등의 지원을 받아 직장 생활을 할 수 있지만 이곳에 입소해 있는 분들은 주로 독립적으로 자신의 생활을 유지하거나 직업 활동을 할 수 없는 성인 지적장애인이었다. 시설에서는 외부에서 직업을 가지기 어려운 입소자분들을 위해 내부에서 직업재활훈련을 할 수 있는 소규모 작업장을 만들어 운영하고 있었다.

우리는 시설 운영 전반에 관한 부분, 특히 입소자분들을 어떻게 돌봐야 할지에 대한 고민을 많이 나눴다. 신부님은 계속해서 나에게 어떤 부분이 더 필요한지 물었다. 나는 입소자 가운데 어느 정도 생활이 안정된 분들은 공동생활가정을 통해 주거훈련을 해보면 어떻겠냐고 제안했다. 나아가 일정 부분 도움을 제공하는 수준의 독립생활까지 이어지면 좋겠다고 했다.

신부님은 그들에게도 독립생활이 필요하다는 점은 인정하면서도 현재 시설에서 충분히 편안하게 지낼 수 있고, 나가게 되면 그들이 겪을 어려움이 뻔한데 굳이 그럴 필요가 있겠냐며 반문했다. 물론 이곳은 안전하고 편안한 생활공간이지만 그들이 계속 입소 생활만 하게 된다면 단지

시설에 적응하는 데 그쳐 스스로 자신을 돌보고 살아갈 수 있는 능력을 잃을 수 있었다. 나는 힘들지라도, 또 문제가 벌어질지라도 시도해보면 어떻겠냐고 재차 제안했다.

얼마 지나지 않아 나는 그곳의 자문 의사를 그만두게 되었다. 이후 이 시설이 어떻게 되었는지는 모르지만 신부님이 내 말을 따랐다가 여러 고초를 겪지는 않았을까 상상하면 살짝 미안해지기도 하면서 미소가 지어지기도 한다.

한국 사회는 근로능력이 현저히 상실된 성인 지적장애인이나 치매 등 노인성 질환이 있는 분들을 시설 중심으로 돌본다. 지역이 아직 이들과 함께 살아갈 준비를 하지 못한 것도 있지만, 당사자들을 위해서도 시설에서 지내는 게 더 나을 거라는 인식을 하는 게 사실이다. 더욱이 정신질환자를 정신병원이나 정신요양원이 아닌 지역사회에서 돌봐야 한다고 말하면 많은 사람이 반감을 드러낸다. 그런 무서운 사람들과 살 수 없다는 것이다. 우리 아이들을 그런 위험에 처하게 할 수는 없다고 격한 두려움과 거부감을 표현한다. 심지어 많은 정신건강전문가들도 정신질환자가 '정상'이라고 생각하는 자신들과 같이 살 수 있는 조건을 아주 엄격하게 제한한다. 환자에게 증상이 조금이라도 남아 있으면 사회에서 살아갈 수 없다고 판단하기 때문일까.

하지만 증상이 남아 있어도 스스로 증상을 조절하면서 충분히 사회에서 살아갈 수 있다. 정신병원에서 완전히 새로운 사람으로 탈바꿈되어야만 정신질환자에게 그들의 삶의 공간, 지역사회로 되돌아갈 권리를 줄 생각인 것 같다. 정신질환자가 지역사회에서 자기 자리를 얻기 위해서는 '정상'보다 더 '정상적인' 사람이 되어야 하는 것이다. 물론 지역사회에 머물게 되어도 그들의 공간은 '정상인'과 최대한 떨어진 공간이기를 바랄 것이다.


## 커뮤니티 케어

2018년 초 보건복지부는 노인, 장애인, 정신질환자 등 돌봄이 필요한 사람들이 자택이나 그룹홈 등 지역사회에 거주하며 개개인의 욕구에 맞는 돌봄 서비스를 누릴 수 있는 '커뮤니티 케어'Community Care를 본격적으로 추진하겠다고 발표했다. 병원이나 시설 중심의 서비스만으로는 고령화에 따른 의료·돌봄 서비스의 수요 급증에 대응하기 어렵다는 문제가 지속적으로 제기되는 상황이었다. 따라서 병원 또는 시설에서 퇴소해도 지역사회에서 충분한 서비스를 받을 수 있도록 하겠다는 것이다. 그러려면 병원의 의사, 간호사, 물리치료사 등 여러 전문가가 한곳에서 제공하던 서비스를 대상자 개인이 살아가는 삶의 공간에서 제공해야 한다.

이에 많은 의사가 진료 공간의 개념이 허물어지는 것에 대해 우려하고 직접적인 반대도 표명했지만 나는 개인적으로 찬성한다. 찬성을 넘어 이 제도가 본연의 취지에 맞게 잘 정착되기를 간절히 바란다. 내 작은 힘이라도 보태고 싶다.

커뮤니티 케어는 1950년대부터 시도한 중증 정신질환자의 탈시설화 정책으로 영국에서 처음 시작되었다. 이 정책은 제대로 된 치료를 제공하지 못하던 수용 중심의 치료에서 탈피하고자 정신병원 등 시설에 있던 많은 중증 정신질환자가 지역사회로 나왔을 경우 어떻게 돌볼 것인가에 관한 고민에서 출발했다. 하지만 커뮤니티 케어를 제안한 한국 정부는 처음 영국에서는 '시설에 있는 정신질환자들을 어떻게 지역사회에서 돌볼 것인가'라는 문제의식에서 출발했다는 점을 알고 있는지 의심스럽다. 영국은 정신병원 중심의 서비스를 지역사회 중심으로 바꿀 때, 지역에 살아도 의료 서비스를 제대로 공급받을 수 있도록 했다. 우리나라도 2019년부터 정신질환자 대상 지역사회 통합 돌봄커뮤니티 케어 서비스를 1개 지역에서 선도사업으로 시작했지만 아직 갈 길이 멀다.

커뮤니티 케어에서 커뮤니티 즉, '지역사회'는 크게 세 가지 의미를 나타낸다. 첫째, 탈수용화가 이루어지는 '공간'으로서의 의미다. 둘째, 커뮤니티 케어의 특성상 지역사회에 맞춘 보건복지 서비스를 마련해야 한다. 이에 따라 중앙정부에서 지방정부로 관리와 책임이 이전된다는 의미를 지칭하기도 한다. 마지막으로 단순히 시설에서 나온다고 해서 사람들과 교류할 수 있는 것은 아니다. 사회에서 사람들과 아무 교류를 할 수 없다면 탈수용화는 반쪽짜리가 된다. 그렇기 때문에 사람들과 지역에서 한데 어울려 살아갈 수 있어야 한다는 '지역사회'라는 의미까지 있다. 우리나라는 모든 의미에서의 지역사회가 정착되어 있지 않고 이를 한꺼번에 진행해야 하는 상황이다.

중증 정신질환자가 여전히 시설 중심으로 치료받고 있

는 우리의 현실은 암담하다. 그럴싸한 구호나 추상적인 정책 제안이 아닌 정신병원 등에 입원해 있는 10만 명에 달하는 정신질환자를 어떻게 돌볼 것인지 장기적이고 구체적인 계획을 제시하고 실천해나가야 한다. 지역사회 서비스 기반을 확충하지 않으면, 특히 퇴원 후 거주할 정신재활시설과 중간 집 등 자립을 위한 자원이 충분치 않으면 퇴원한 이들은 다시 병원에 입원하거나 장기간 재활시설에 머물 수밖에 없다. 지역사회를 중심으로 하기 위한 전달체계를 개편해야 하며 보건복지 서비스에서 보건과 복지 어느 한쪽에 치우쳐서도 안 된다.

실제로 보건복지부는 커뮤니티 케어 5개 핵심 계획으로 방문의료 확대 및 지역사회 통합 돌봄 모델 마련을 제시하기도 했다. 민간 의료기관이 대다수인 상황에서 이들을 어떻게 커뮤니티 케어 사업에 참여하게 하느냐, 의료기관의 역할을 어떻게 설정하느냐 등 보건과 복지의 유기적인 통합도 필요하다. 의료기관의 역할이 모호하고 과도하게 복지적인 관점에 치우쳐 있으면 보건과 복지가 통합되지 못하고 정신건강서비스가 파편화되어 횡수용화를 야기할 우려가 있다.

## 위스콘신주 메디슨의 사례관리 모형

2019년 사례관리 모형을 배우기 위해 수원시 정신건강 센터 직원들을 인솔해 미국으로 연수를 떠났다. 우리가 방문하게 될 곳은 위스콘신주 메디슨의 한 사무실로 이곳은 퇴원한 정신질환자 가운데 재입원 가능성이 높은 분들이 다시 입원하지 않도록 적극적이고도 다양한 돌봄 서비스를 제공한다. 일행들은 처음이지만 나는 이번이 벌써 세 번째 방문이다. 나는 왜 바쁜 한국 일정을 뒤로하고 세 번씩이나 이곳을 찾는 걸까.

시카고시 오헤어 공항에 도착해 메디슨으로 향하는 도로 상태는 여전히 좋지 않았다. 12년 전에 이곳을 방문했을 때도 도로 상태는 한국과 비교해 너무 엉망이었다. 이유가 뭔지 위스콘신주 정신보건국장에게 물었더니 답은 간단했다. 도로를 개보수하는 일보다 사람을 돌보는 일이 먼저라는 것이다. 그 말을 들은 이후로는 미국에서 운전할 때 도로가 엉망이라고 투덜거리지 않는다.

메디슨에 도착해 사무실을 찾다가 정확한 위치가 헷갈려 지나가던 시민에게 길을 물은 적이 있다. 사무실 이름을 말하니까 그는 사무실 위치는 물론 그곳이 무엇을 하는 곳이고 어떤 곳인지도 잘 알고 있었다. 그는 딸을 유치원에 데려다주는 중이었고, 사무실은 딸이 다니는 유치원 바로 옆에 있었다. 수원시 통합정신건강센터 건립 계획이 인근 초등학교 부모들의 반대로 어려움을 겪고 있던 터라 나를 비롯한 수원시 정신건강센터 직원들은 묘한 감정을 느꼈다.

사무실에 도착해 그들과 일과를 함께하며 한 주를 보냈다. 처음 참가한 일행들은 부족한 영어를 써가며 사소한 것도 놓치지 않으려 애썼다. 일과가 끝나면 밤마다 그날 느끼고 배운 점들을 정리하고 어떻게 변형해 한국 현장에서 적용할지 고민을 나눴다.


## 다섯 가지 배움

이곳에서 정신질환자를 관리하는 직원들에게도 많은 어려움이 있다. 그들은 해결되지 않는 증상에 힘들어하고 각종 문제로 경찰을 만나며 응급실과 정신병원의 단골 고객이다. 여기서는 이처럼 어려움이 많은 사람을 돌보기 위해 회원 한 분 한 분을 위한 팀을 구성한다. 개인이 아닌 팀 단위로 혼자 감당하기 버거운 문제를 논의하고 최선의 방법을 찾기 위해 함께 결정한다. 회원의 문제나 어려움을 온전히 사례관리자 개인이 홀로 감당해야 한다면 큰 부담감이 따르고 올바른 결정을 내리거나 실행하기 어렵기 때문이다. 또한 돌보는 사람이 마주하게 되는 고통도 함께 건강하게 돌볼 수 있다. 사례관리를 하다보면 때로는 원치 않는 결과가 발생하기도 한다. 회원의 재입원을 막기 위해 애썼지만 다시 정신병원에 입원하게 되는 상황도 있고, 돌보던 회원이 갑자기 세상을 떠나는 일도 있다.

나 또한 현장에서 그러한 일을 수없이 경험했다. 메디슨 사무실에서는 이처럼 어려운 결정을 할 때면 꼭 함께 고민한다. 그리고 그 이후에 벌어지는 상황에 대한 책임을 한 사람에게 전가하는 것이 아니라 함께 짊어진다. 이처럼 팀으로 회원을 돌보고, 팀으로 서로를 돌본다.

매일 아침 여덟 시 모임, 직원들은 150명 정도 되는 회원의 이름을 일일이 불러가며 전날 있었던 일을 공유하고 하루 일정을 상의한다. 각자의 생각을 자유롭게 표현하고 충돌하는 의견이 있으면 조율해 나가는 그들의 모습을 보며, 신영복中榮福, 1941-2016 선생의 글에 나오는 '입장의 동일함'이라는 말을 떠올린다. 그들은 사회복지사, 간호사, 임상심리사, 정신과의사, 작업치료사 등 각자의 전문분야와 역할은 다르지만 팀의 일원으로 소신껏 자신의 의견을 피력한다. 그리고 서로의 의견을 존중하며 논의를 통해 최선의 결론을 도출한다.

팀의 의료책임자인 정신과의사 바타글리아는 팀 안에서 정신과의사로서의 역할이 있는 것이지 정신과의사라고 해서 그의 의견이 다른 전문가의 의견보다 특별히 우월하지 않다고 말한다. 자신도 열다섯 명의 팀원 가운데 한 명일 뿐이라고 거듭 강조한다.


아침 모임에서 직원은 회원의 이름을 부르며 어떻게 지내고 있는지 묻는다. 자연스럽게 직원도 자신의 이야기를 하며 서로의 삶을 공유한다. 서로의 삶에 관심을 가지고 나누는 모습이다. 모든 직원은 자신이 담당하지 않아도 전체 회원을 전부 알고 있다. 한 회원마다 보통 세 명에서 네 명의 직원이 팀을 이루지만 때로는 담당 직원들의 힘만으로는 부족할 때가 있다.

한 회원을 집에서 데려와 모임에 참석하도록 해야 하는데 담당 직원들은 다른 일이 있어 도움이 필요한 상황이었다. 그때마다 모두가 자신의 일정을 확인하고 누군가는 꼭 대신해 일을 자청한다. 일주일을 머무는 동안 수없이 들었던 말은 "I can do"내가 가능해였다. 간혹 가다 정말로 지원자가 없을 때는 한 직원이 자신의 기존 일정을 조정할 수 있다며 말한다. "I should be"내가 해야 될 것 같네.

이곳에서는 회원이나 직원이 서로 업무로 이어지는 관계라기보다 함께 살아가는 존재다. 매번 모두가 모두를 환대하고 있다는 느낌을 받는다. 연수팀을 대하는 태도에서도 그들의 진심을 느낄 수 있었다. 주정부의 정신보건 담당 국장도 사례관리 사무실로 방문해 주정부의 역할과 정책 등을 직접 설명해주었다. 동남아시아 국가 등 외국에서 수원의 정신건강정책을 배우고자 자주 견학 오는데, 만약 경기도청 담당 국장에게 교육을 요청한다면 승낙해 줄까.

한국에 돌아온 후 의료책임자인 바타글리아가 보낸 이메일 내용 중에는 '너희 연수팀이 떠난 후에 우리 모두 슬

퍼하고 있다'는 내용이 있었다. 그들의 환대를 기억하며, 나 또한 내가 돌보는 이들과 나의 작은 도움이 필요한 이들을 정성껏 돌봐야겠다고 다짐한다.

이번 연수를 가면서 마음이 많이 무거웠다. 수원시 정신건강센터장으로 일하던 2007년과 2008년 두 차례 연수를 다녀온 뒤 한국에 처음으로 위스콘신 사례관리 모형을 도입하기 위해 노력했다. 센터장을 그만두고도 사례관리 모형을 정착하기 위해 여러 방법으로 도왔고, 내가 일하는 현장마다 위스콘신 사례관리 모형의 철학을 실천하려 했다.

그러나 세 번째 연수를 계획하면서 턱없이 부족한 내 모습을 돌아보게 되어 부끄러워졌다. 수원이라는 지역사회에서 중증 정신질환자를 위한 돌봄 체계가 아직도 멀게만 느껴졌다. 수원에서 열렸던 학술대회에 참석하는 등 한국에 많은 관심과 애정이 있는 메디슨 사무실의 한 직원이 지금 한국의 현실은 어떤지 물었다. 예상했던 질문이었다. 이 질문에 대답할 자신이 없어 마지막까지 이번 연수를 망설였던 것 같다.

그 직원은 우리에게 힘주어 조언해주었다. "한국이 처한 현실을 잘 인식하고 지금 할 수 있는 일부터 하라. 얼마나 똑같이 하느냐가 중요한 것이 아니라 이 일을 왜 하는가, 그 철학이 중요하다"며 자신들의 방식을 똑같이 모방할 필요는 없다고 했다. 바타글리아는 "뼈가 없는 문어처럼 유연성을 가지고 창조적으로 적용해야 된다"고 조언해주기도 했다. 한국으로 향하는 발걸음은 미국으로 향하던 발걸음보다 더 무거웠다.

위스콘신 사례관리 모형의 또 다른 특징은 대부분 프로그램이 회원들의 삶의 현장에서 이루어진다는 것이다. 회원이 식재료나 생필품을 사기 위해 마트에서 장을 보는 동안 사례관리자는 뒤에서 차분히 바라본다. 회원의 행동이 굼뜨고 어리숙하지만 직원은 충분한 시간적인 여유를 가지고 기다린다. 특정 물건을 필요 이상으로 살 경우에도 성급하게 그 자리에서 지적하지 않는다. 일단은 모른 척 지나가고 다시 반복될 경우에는 이유를 넌지시 물어본다. 실제 삶의 현장에서 수행되는 프로그램이기에 간혹 예측할 수 없는 일도 벌어진다. 그럴 때면 대상자를 프로그램에 맞추려 하지 않고 최대한 대상자에게 맞춰 프로그램에 변화를 준다.

사례관리팀에서 재정 관리까지 맡고 있는 한 회원은 정부 보조금으로 마약을 구입하는 등 심각한 법적 문제가 반복되어 계속 교도소에 수감되거나 정신병원에 입원하는 것이 문제였다. 이에 사례관리자들은 그에게 현금 대신 매일 음식을 구매해서 가져다준다. 그 외 필요한 물건이 있으면 후원 물품을 주거나 직접 구매해서 제공한다. 담배를 팔아 마약을 구입한 적도 있어 담배를 줄 때도 겉포장을 개봉하고 한 개비 정도는 빼고 준다고 한다.

하루는 그가 영화를 보고 싶다며 돈을 요구했다. 담당 사례관리자는 어떤 영화를 보고 싶은지 물어보며 극장에 태워다주고 영화 티켓도 구입해주겠다고 했다. 회원은 이내 됐다며 거절한다. 돈을 받아 마약을 사려고 했던 걸까. 어떻게든 마약을 구입하려는 그와 이를 어떻게든 막아 마약에서 벗어나길 바라는 사례관리자의 게임이 지난하다.

직원들은 회원이 좋아지기를 바라며 마냥 기다리지 않는다. 한 개인에게 적합한 개입을 그들의 삶의 현장에서 끊임없이 실천하고 시간이 걸리더라도 효과적이길 바라며 기다린다. 변화를 조급해하지 않는 사례관리자들의 자세에서 진정한 기다림의 미학을 배운다.

위스콘신 사례관리 모형이 시작된 지 40년이 지났다. 첫 시작부터 지금까지 40년간 이 프로그램을 이용하는 회원들도 있다. 사무실 직원들과 회원들은 함께 살아가고 서로의 삶을 기억하며, 같이 늙어가고 있다는 생각이 든다. 병원 등의 시설이 아닌 회원이 자신의 삶의 공간에서 잘 살아갈 수 있도록, 그들 삶의 한가운데에서 그들을 중심으로 돌본다는 이곳의 돌봄 철학을 다시 한번 생각해본다.

바타글리아의 강의를 듣던 중간에 행정 직원이 한 병원 응급실에서 위급한 전화가 왔다고 전달했다. 회원의 응급 상황이었다. 바타글리아는 자신 말고 다른 직원은 없느냐고 물었고 아무도 없다는 답변이 돌아오자 우리에게 양해를 구하고 자리를 뜨는 그의 모습에서 또 다른 가르침을 받았다. 사무실은 텅 비어 있었다. 모든 직원은 지역 현장에서, 회원의 삶의 공간에서 함께하고 있는 것이다.

## 무거운 숙제

한국으로 돌아오는 비행기에서 가슴이 먹먹해졌다. 이럴 줄 알았다. 이내 바타글리아를 생각한다. 동료 정신과 의사이기에 그에게 더더욱 마음이 간다. 그는 두 누이가 조현병으로 치료받고 있다며, 두 누이도 이 프로그램에 참여했다면 더욱 좋아졌을 텐데 그러지 못해 아쉬워했다. 바타글리아는 대학교수 생활을 그만두고 2005년부터 이곳에서 일하고 있다. 다시 대학교수 제안이 들어왔지만 그는 망설이지 않고 거절했다. 그럴 수밖에 없는 이유가 있다고 했다.

'My heart feels good here.' 내 마음은 이곳에서 너무 편해

떠나는 우리에게 좋은 에너지를 받았다며 감사의 인사를 건네던 그가 떠오른다.

나는 나 자신에게 묻는다. '안병은, 너는 앞으로 중증 정신질환자가 정신병원이나 다른 시설이 아닌 그들이 나고 자란 자리에서 잘 살아갈 수 있도록 돕기 위해 어떤 일을

하고 싶니?'

나는 해보고 싶다. 우리가 처해 있는 상황을 다시 한번 자세히 살펴보고 싶다. 그저 외국의 사례를 부러워하며 현실을 탓하기만 하면 난 아마추어다. 정확히 한계를 인정하는 것에서 출발해야 한다. 할 수 있는 것과 할 수 없는 것을 구분하고 나서 우리가 보고 경험한 위스콘신의 모형을 한국의 실정에 맞게 변형하고 핵심적인 가치와 철학을 담을 것이다. 많은 정신건강전문가와 정신장애인 당사자 그리고 그들의 가족과 함께 수원시에 적합한 중증 정신질환자를 위한 사례관리 모형을 만들 것이다. 새로운 것을 만들고 시도해보는 일은 무척 어려운 과정이다. 앞으로 많은 사람을 만나야 할 것이다. 도움도 요청하고 필요하면 설득도 해야 할 것이다.

마음이 많이 아픈 사람을 돌보는 것은 자리를 빼앗긴 자들에게 자리를 내어주는 것에서 시작된다. 마땅히 사람으로서 그들의 자리에서 환대받고 살아갈 수 있도록, 자신을 스스로 돌볼 수 있도록 해주는 것이다.

# 11 자유가 치료다

## 바잘리아 법

이탈리아 마르코 폴로 공항에 내려 베네치아Venezia 본섬 남쪽 끝자락에 있는 숙소로 향한다. 이 근방은 베네치아 중심부와 다르게 관광객이 많이 찾지 않아 한적하다. 숙소에서 탁 트인 바다가 가깝고 그 앞으로 손에 잡힐 듯한 섬들이 눈앞에 보인다. 산 서볼로San Servolo섬이 가장 가까이 보였다.

나는 세계적인 관광지가 아닌 이 섬에 가기 위해 베네치아를 찾았다. 산 서볼로섬에서 북쪽을 바라보면 베네치아 본섬이 보이고 뒤로는 지중해가 펼쳐져 있다. 한적하고 조용한 분위기에 풍경이 아름다운 섬이지만 이 섬이 간직하고 있는 기억은 결코 평화롭거나 아름답지 않다. 과거 이곳은 광인을 수용했던 섬이다.

섬에는 1995년 설립된 베네치아 국제대학교 및 유럽의 예술가들을 지원하는 기구 등 여러 기관이 있고 매년 전시회와 공연 그리고 축제가 열린다. 과거 산 서볼로섬은 수도원과 군사병원을 거쳐 20세기 후반까지 정신병원으로 사용되었다. 베네치아 국제대학교 건물 안에 있는 '광기 박물관'은 이곳이 과거 광인들을 위한 수용소였음을 말해준다. 베네치아 사람들은 본섬에서 1킬로미터가 채 떨어지지 않은 이곳에 정신병원을 건립해 정신질환자를 가뒀다. 이곳에서 닿을 듯 닿을 수 없는 아름다운 물의 도시를 바라보던 환자들은 어떤 심정이었을까.

베네치아는 정신병원의 흔적을 아예 없애버릴 수도 있었지만 과거의 흔적과 잔혹했던 시절을 잊지 않기 위해 노력하고 있다. 정신병원의 역사를 기억하기 위해 연구소를 설립하고 박물관을 세웠다. 산 서볼로섬 안에는 원형판에 사람들의 얼굴 사진을 점으로 나타낸 작품들이 있다. 모두 정신질환으로 섬에 수용되었던 사람의 얼굴로 젊은 예술가들이 이곳에 갇혀 살다 죽어간 이들을 기억하기 위해 만들었다.

산 서볼로섬에서 멀지 않은 곳에는 산 클레멘테$^{San}$ $^{Clemente}$섬이 있다. 이곳은 19세기 중반부터 여자 광인을 위한 수용소로 사용되었다. 산 서볼로섬의 수용 인원이 많아지자 이곳에 새로운 수용소를 건립한 것이다. 지금은 섬전체가 고급 호텔 단지로 개발되었다. 이탈리아 정신보건 개혁운동의 전개와 1978년 제정된 '바잘리아 법' 이후 현재 이탈리아에는 정신병원이 없다. 과거 정신병원으로 사용되었던 건물은 박물관, 관공서, 공원 등 다양한 용도로 활용되고 있다.

"환자의 자유를 억압하는 정신병원은 없어져야 한다."

이탈리아는 위험하고 불가능해 보이는 이 주장을 현실로 만들었다. 1960년대부터 이탈리아 각 지역마다 다양한 사람과 집단이 정신보건 개혁운동을 이끌었지만 그 중심에는 이탈리아 북동부 슬로베니아와 국경을 맞대고 있는 고리치아$^{Gorizia}$에서 '혁명'을 시작한 바잘리아가 있었다. '혁명'의 내용은 정신병원을 폐쇄하고 정신질환자의 치료를 지역사회에 뿌리 내린 정신건강센터와 협동조합 그리고 공공주택이 맡자는 것이었다. 비록 고리치아에서의 개혁운동은 '미완'으로 끝났지만, 그는 트리에스테에서 '혁명'을 완수한다.

정신보건 개혁운동은 1978년 '법률 180호' 또는 '바잘리아 법'으로 이어져, 이탈리아는 세계에서 전례 없이 모든 정신병원을 폐쇄하게 된다. 하지만 그의 진정한 목표는 단순히 정신병원을 폐쇄하는 게 아니라 정신질환자에게 진정한 치료를 제공하는 것이었다. 지금까지 '진정한 치료'를 하지 못한 건 환자들이 치료를 받는다고 해도 나아질 수 없는 존재여서가 아니라 잘못된 치료를 제공하기 때문이라고 생각했다. 그는 환자들이 인격적인 대우를 받아야 한다고 주장했고 '바잘리아 법'을 통해 환자들에게 투표권과 치료에 대한 통제권 등 기본적인 권리를 돌려주었다. 그는 '진정한 치료'는 자유에서 나온다고 생각했다. '자유가 치료'인 것이다.

## 미완의 혁명, 고리치아

바잘리아는 20세기 초 이탈리아에서 태어났다. 제2차 세계대전이 발발한 후 학생이던 바잘리아는 반파시스트 운동을 하다가 교도소에 수감되는데 이때 통제된 시설의 실상을 온몸으로 느끼게 된다. 이후 그는 또 다른 통제 시설인 정신병원의 실상을 비판적으로 인식하고, 정신병원을 없애야 한다는 확고한 신념을 키우게 된다. 그가 고리치아에 있는 살루테 병원의 원장으로 부임한 1961년에는 수용 중심의 정신의학에서 탈피하려는 움직임이 전 세계적으로 일어나고 있었다. 영국은 개방병동을 비롯한 여러 치료 공동체 모델을 시도하고 있었다. 민주적인 가치에 기반해 환자들의 이야기에 귀 기울이는 유럽의 여러 실험적 모델은 바잘리아에게 큰 영향을 주었다.

1961년 살루테 정신병원에 부임한 바잘리아는 병원을 개혁하기 위해 모든 걸 쏟아부었다. 그는 이탈리아의 정신보건을 개혁하기 위해서는 대중이 정신병원에 대한 문제의식이 있어야 한다고 생각했다. 출판, 방송, 전시회 등 다양한 영역에서 수용소의 실태를 알리고, 개혁운동에 정당성을 부여했다. 의사, 환자, 간호사 등 병원의 모든 구성원이 자유롭게 참여할 수 있는 크고 작은 회의가 끊임없이 열렸다. 회의에서는 어떠한 권위도 작동하지 않았고 민주적인 절차에 따라 모두가 자기 목소리를 낼 수 있었다.

고리치아에서 시도한 개혁운동은 이탈리아 전역으로 퍼

져 나갔고 세계적인 파급효과가 나타났다. 하지만 지속적으로 정치적인 반대에 직면했고, 내부에서도 조금씩 균열이 일어나면서 위기가 찾아오기도 했다. 고리치아에서의 개혁운동이 미완으로 끝나게 된 결정적인 사태는 '미클루스 사건'이었다. 당시 병원에는 미클루스라는 환자가 입원해 있었다. 그는 회의를 거쳐 퇴원하게 되었는데 집으로 돌아가자마자 아내를 살해했다. 바잘리아는 '과실치사 혐의'로 고발당했고 극우주의자를 비롯한 정치적 반대 세력은 바잘리아와 그의 추종자들이 살인자를 풀어주고 있다며 고리치아의 개혁운동을 부정했다. 판사, 검사, 언론 등이 바잘리아를 맹렬히 공격했다. 미클루스 사건은 바잘리아를 비롯한 팀에게 혁명의 동력을 앗아갔다. 결국 바잘리아는 자신의 뜻을 완성하지 못하고 고리치아를 떠난다.

나는 고리치아를 찾았다. 살루테 병원이 있던 자리에는 현재 정신건강센터를 비롯한 여러 기관이 들어서 있다. 과거에는 환자와 직원을 합쳐 천여 명이 넘는 사람들로 웅성거렸을 테지만 지금은 한적함을 넘어 적막감마저 느껴진다. 정신건강센터 앞에는 환자인지 직원인지 구분할 수 없는 사람들이 나와 담배를 피우며 이야기를 나누고 있다. 정신건강센터 내 응급 병상을 이용하는 사람 같았다.

나는 병원 부지 오른쪽에 있는 공원으로 발걸음을 옮겼다. 이 공원은 바잘리아의 이름이 붙어 있다. 그에게 고리치아는 끝내 완성되지 못한 혁명을 뒤로하고 떠나야만 했던 곳이다. 하지만 결국 자신의 이름이 붙은 법률의 영향으로 고리치아의 정신병원도 폐쇄되었고 오늘날까지 정신병원 없이 지역사회에서의 관리가 잘 이루어지고 있다.

어쩌면 바잘리아가 가장 열성적으로 정신병원 폐쇄 운동에 임했을 이곳에서, 고민하고 또 고민하며 걸었을 길을 따라 걷는다. 수많은 사람이 머리를 맞대고 밤새 고민했을 건물들을 바라본다. 바잘리아가 부임했을 당시에는 환자를 고문하거나 환자가 자살하는 일이 비일비재했다. 정신병원에 갇혀 비참하게 살아간 환자들의 목소리를 우리에게 들려주고자 노력했을 그를 생각한다. 정신병원은 없어져야 한다는 신념을 이상에만 머무르게 하지 않고 현실로 만든 사람, 바잘리아를 떠올린다.

## 1980년 8월 정신병원 폐쇄

트리에스테는 고리치아와 같은 주에 속해 있으며 이탈리아의 북동쪽 끝에 위치한 항구 도시다. 바잘리아는 트리에스테의 시장 미켈레자네티의 제안으로 트리에스테로 향했고 서둘러 개혁에 착수한다. 고리치아에 있을 때는 병동 내부를 바꾸는 데 시간을 들였는데 이번에는 최대한 빨리 환자를 내보내고 병원 자체를 없애는 데 집중했다.

1908년 문을 연 산 조반니 정신병원은 40개 동으로 이루어진 거대한 규모였다. 도심에서 멀지 않은 곳에 있었지만 사람들은 이 정신병원의 실태를 제대로 알지 못했다. 산등성이를 따라 세로로 길게 세워진 산 조반니 정신병원은 증상의 정도에 따라 병동을 구분했고 입구에서 뒤로 갈수록 증상이 심한 환자들이 수용되었다.

바잘리아는 병동을 트리에스테 행정구역에 맞춰 다섯 구역으로 분리했다. 이후 각각의 병동 안에서 생활하던 환자와 간호사가 행정구역별로 설립된 지역 정신건강센터로 함께 이동했다. 그리고 정신건강센터를 중심으로 지역 사회 안에 네트워크를 구성해 환자에게 필요한 서비스를 제공했다.

바잘리아가 산 조반니 정신병원에 도착한 1971년에 수용된 환자는 1,182명이었다. 그 숫자는 매년 빠른 속도로 줄어들어, '법률 180호'가 통과되는 1978년에는 87명만이 남아 있었다. 고리치아에서처럼 비극적인 일이 두 차례나 있었지만 개혁은 완수되었다. 당시는 68혁명의 기운이 유럽을 휩쓸고 있었고 1960년대부터 고리치아는 68혁명 세대의 성지였다. 고리치아에서의 개혁 과정이 담긴 책 『부정되는 공공시설』은 68혁명 세대의 실천적 지침서였다. 트리에스테에서는 사회, 정치, 언론 등이 바잘리아의 개혁을 보다 더 지지했다. 1980년 8월 정신병원은 폐쇄된다.

현재 트리에스테의 인구는 20만 명이고 네 개의 정신건강센터가 운영되고 있다. 모두 21명의 정신과의사, 8명의 임상심리사, 123명의 간호사, 9명의 사회복지사, 나머지 행정 직원 등 약 200여 명이 근무하고 있으며 동료 지원가나 자원봉사자 등도 활동하고 있다.

인력 구성에서 알 수 있듯이 정신건강센터는 폐쇄된 정신병원의 역할을 대체하고 있으며 풍부한 인력이 갖춰져 있다. 정신건강센터는 접근성이 높아 원하는 사람은 언제든지 자신의 정신질환을 평가받고 필요한 치료를 제공받을 수 있다. 응급상황 발생 시 즉각적으로 대응할 수 있는 24시간 응급대응체계도 잘 갖춰져 있다. 종합병원에 응급병상이 있으며, 응급상황이 아니더라도 언제든지 원할 때 쉬었다 갈 수 있는 병상이 병원과 센터에 마련되어 있다.

이처럼 입원은 가능하지만 강제입원은 피한다. 입원은 최대한 마지막 방법이다. 당연히 치료적 목적이라 하더라도 환자에 대한 어떠한 구속도 엄격하게 제한된다. 그들은 거주하는 집이나 지역사회 안에서 치료받는다.

트리에스테에는 단순히 정신병원이 없는 게 아니다. 지역사회에서 병원을 대체할 수 있는 환경이 잘 조성되어 있고 수용보다 나은 환경을 제공한다. 환자는 가족이나 이웃과 함께 지역에서 생활한다. 지역사회에서의 거주를 돕기 위한 지지주거, 독립주거 등 다양한 유형의 주거 서비스가 촘촘하게 짜여 있고, 그룹홈, 공공주택 등 충분한 숫자의 주거지도 확보되어 있다.

협동조합이 발달한 이탈리아답게 지역에는 직업 활동을 위한 사회적 협동조합이 활성화되어 있다. 지역사회 전체가 정신병원에서 나온 환자를 맞이하기 위해 변했고 지금까지 이들은 지역사회 안에서 한 사람의 시민으로 살고 있다. 트리에스테 사람들은 정신병원 없이도 잘 산다. 아니 정신병원이 없어서 그들의 삶은 물론 공동체 또한 더욱 건강한 모습이다.

## 그들이 정말로 '살아가는' 모습

트리에스테 전체를 관할하는 정신건강국에서 로베르토 메치나 박사를 만났다. 현재 정신건강국이 있는 건물은 산조반니 정신병원 안에서도 가장 심각한 환자가 있는 병동이었다. 그는 트리에스테 정신보건국의 책임자로 일하다 지난해 은퇴했지만 여전히 세계를 돌아다니며 활동적으로 일하고 있다. 그는 60대 중반이지만 나이를 느낄 수 없을 만큼 열정적으로 트리에스테에서의 경험을 이야기했다. 시설에서 공동체로, 환자에서 사람으로, 특히나 억압에서 자유로의 전환을 힘주어 강조했다.

메치나 박사는 이탈리아 남동부 바리Bari에서 태어나 그곳에서 공부했다. 바리에는 유럽에서도 손꼽히는 대형 민간 정신병원이 있었다. 그곳에는 정신과 환자를 비롯해 지적장애와 신경과 질환을 지닌 환자 등 5,000명이 넘는 사람이 수용되어 있었다. 수용 중심 치료가 행해졌고 공격적인 치료가 이루어졌으며 권위적인 분위기가 팽배했다.

그는 병원의 권위적인 모습에 반감을 느꼈고 구시대적인 치료를 원치 않아 기존 모델이 아닌 민주적·혁명적이고 지역이 중심이 되는 모델을 배우고 싶었다고 했다. 그는 수련을 마친 1978년부터 트리에스테에서 적은 돈을 받으며 자원봉사자로 일을 시작했다.

당시 이탈리아는 바잘리아 법 시행 전후의 정신보건 개혁운동이 한창이었다. 트리에스테에는 바잘리아 이후 로텔리를 비롯한 젊은 의사 그룹을 중심으로 2세대가 형성되어 있었다. 바리의 낡은 체제에서 공부한 메치나는 트리에스테에서 신선하고 기분 좋은 충격을 받았다. 그곳에 환자는 없었다. 메치나는 트리에스테에서 사람을 '발견'했다. 환자들은 그들의 삶 속에서 사람이자 시민이자 이웃으로 사회에 통합되어 살아가고 있었다.

그는 처음부터 다시 배워야 했다. 간호사와 함께 가정방문을 다니면서 환자들과 어떻게 대화하고 또 어떻게 대해야 하는지 배웠다. 이전에는 결코 볼 수 없던 장면을 보았다고 했다. 수용되어 있던 환자들이 청소하고 요리하고 지역주민과 교류하고 있었던 것이다. 그는 그들이 정말로 '살아가는' 모습을 보았다.

메치나는 무엇보다 병원이 아닌 그들이 살아가야 할 삶의 공간인 지역사회를 중요하게 생각했다. 공동체는 이들을 품을 수 있어야 하고, 그러려면 대중이 정신질환자에 대해 지니고 있는 반감이나 두려움을 극복해야 한다고 했다. 그는 내게 '마르코 까발로'와 같은 상징적인 이미지가 중요하다고 말했다.

마르코 까발로는 산 조반니 정신병원에서 세탁물을 실어 나르던 말로 트리에스테의 정신보건 개혁운동과 정신병원의 폐쇄를 상징한다. 당시 환자들은 부러움과 시기의 눈빛으로 까발로를 바라보았다. 말은 매일 자유롭게 밖으로 나갔지만 그들은 이곳을 벗어날 수 없었다.

이후 정신병원 안에서 정신질환자들을 비롯해 화가, 학생, 의사가 모두 참여해 까발로의 형상을 트로이 목마처럼 제작했다. 색깔은 '생의 환희'를 상징하는 블루로 정해졌다. 완성된 까발로는 바퀴가 달려 있어 이동할 수 있었지만 높이가 4미터에 달해 병원 밖으로는 나갈 수 없었다.

하지만 정신질환자들과 함께 행진하기 시작한 까발로가 정신병원 문 위쪽의 유리를 깨고 나오자 '마르코 까발로'는 정신병원의 벽을 허무는 상징이 되었다.

이 행진이 지닌 상징성은 트로이 목마의 상징을 반대로 해석한 것으로 설명할 수 있다. 트로이 목마는 침략을 위해 성 안으로 들어갔지만 까발로는 병원에 갇힌 환자를 구출하기 위해 담장 밖으로 나갔다.

이 같은 상징적인 작업으로 지역사회가 지닌 정신질환자에 대한 잘못된 인식을 줄여 나갈 수 있었다. 환자들은 한 항공사의 후원으로 비행기를 타고 도시를 순회하기도 했다. 그들은 '위험'하지 않으며 자유롭게 비행기도 탈 수 있다는 의미였다. 병원 내 자치회의에 시민들을 초청하기도 했다. 사회의 인식을 바꿔 환자가 인간으로서 존중받고 지역사회에서 함께 살아갈 수 있도록 사회적인 연대를 형성했다. 이는 정신건강센터를 중심으로 한 일련의 체계를 만드는 일보다 중요했다. 공동체가 이들을 품을 수 있도록 트리에스테 전체를 바꾸는 것이었다. 메시지는 간단하다. '이 사람들도 사람이다. 같이 살 수 있다'는 것이다.

## 치료는 가능하다

내가 이탈리아 트리에스테를 방문한다고 하니 평소 알고 지내던 한국의 정신과의사와 정신건강전문요원은 물론 정신질환이 있는 당사자까지 내게 한 가지 질문을 부탁했다. 정신병원을 폐쇄한 이후 종합병원이나 정신건강센터에 개방된 병동으로 강압적 치료 없이 급성기 증상을 보이는 정신질환자를 치료하는 것이 가능한가라는 물음이었다. 메치나 박사는 단호하게 반문하기 시작했다.

"억압적이고 강압적인 방식이라면 누가 치료를 받고 싶어 하겠는가? 무엇보다 환자들은 이상한 취급을 받을지도 모른다는 두려움과 자유가 억압될지도 모른다는 두려움에서 자유로워야 한다. 강압적인 치료 방식으로는 치료 효과를 볼 수 없고 환자와의 좋은 관계를 만들어가는 것을 절대적으로 방해한다.

문제가 벌어졌을 때 설득, 대화, 타협, 협상을 하고 당사자를 둘러싼 사회적 관계를 적극적으로 활용해야 한다. 가족과 친구는 물론 이웃이나 자주 다니는 가게의 주인까지 누구나 그 대상이 될 수 있다. 의사나 간호사 등 치료진이나 다른 환자도 마찬가지다.

핵심은 신뢰를 기반으로 하는 관계다. 치료받는 환경도 매우 중요한데 집과 같이 편안함을 느낄 수 있는 환경이어야 거부감과 분노가 줄어든다. 더불어 치료적 서비스 과정에서 당사자가 참여해 스스로 치료를 통제하고 있다는 주체성을 인정받아야 한다. 약물과 입원은 그저 치료의 한 부분일 뿐이다. 취미생활도 치료의 한 부분이고 가족, 친구 등 당사자와 관계하는 사람 모두가 치료에 중요한 역할을 한다. 돌봄의 중점이 단지 정신과적 질환이 아니라 대상자의 삶 전체가 될 때 강압적인 치료는 설 자리가 있을 수 없다."

나는 짓궂게도 그에게 다시 집요하게 물었다. 그래도 폭력적이고 위험한 사람이 있을 텐데 강박이나 격리 없이도 가능한가? 메치나 박사는 이전보다 더 단호하게 자신의 머릿속에는 강박이나 격리라는 말이 아예 없다는 듯이 답했다. 어려운 상황일수록 임상적으로 접근하기보다 옆에 머물면서 무언가를 함께 하는 게 중요하다고 했다. 지금까지 수행했던 치료 가운데 어떤 것이 효과가 있었는지 생각하며 할 수 있는 모든 방법을 고려해야 하지만 임상적인 접근은 결코 안 된다고 했다. 42년을 일한 그의 경험에서 나온 확고한 신념이 느껴졌다.

병동의 문을 열어두고, 병동 내의 격리와 강박을 금지하는 걸 가능하게 하는 가장 중요하고도 단순한 명제는 그들이 환자이자 사람이라는 점이다. 그들에겐 단순히 질환을 넘어 권리와 책임 그리고 욕구 등 그들만의 이야기가 있다. 그 이야기 속에 함께 들어가 생활할 때만이 그들을 치료할 수 있다. 그들이 사람이란 것을 전제하면 병동의 문을 여는 게 가능할까 하는 질문은 성립되지 않는다. 병동의 문을 열 수밖에 없는 것이다. 환자들이 언제든지 병원에 들어갔다 나올 수 있는 선택권을 지닐 때 각자가 지닌 의지와 힘을 느낄 수 있다. 열린 공간에서만 그들과의 좋은 관계를 형성할 수 있다.

전문가는 일하는 방법을 바꾸고 생각하는 법 자체를 바꿔야 한다. 환자들과 전문가는 동등한 권리를 지녀야 한다. 전문가는 그들에게 끊임없이 다른 대안을 제시하고 스스로 선택할 수 있게끔 해야 한다. 그리고 늘 그들 옆에 있어야 한다. 사람 대 사람으로서 존중과 신뢰로 형성되는 긍정적인 관계를 맺어야 하는 것이다.

트리에스테에서 정신병원 개혁을 시작한 지 50년이 지났다. 여러 말보다 이 50년이라는 시간이 더 많은 것을 말해준다. 정신병원이 없어지고 환자들은 지역사회로 나왔지만 도시는 아무런 문제 없이 잘 돌아가고 있다. 자살과 범죄는 감소했고 공동체는 더 단단해졌다.

이탈리아의 상황은 우리나라의 현실과 다르다. 이탈리아 정신보건 개혁운동이 일어났던 당시의 환경이 우리와 같지 않기에 그대로 적용할 수는 없다. 그러나 자유가 치료라는 명제는 옳다. 이 말은 진실이다. 닫혀 있는 병동을 열어젖히고 사람들의 마음을 열어야 한다. 자유로운 한 개인, 주체적인 사람으로서의 개인을 회복해야 한다. 그들의 삶의 현장에서, 가장 가까운 곳에서 그들이 지닌 아픔과 욕구에 맞춰 도와줘야 한다. 기억하자. 그들도 존중받아야 하는 사람이다.

트리에스테에서 산 조반니 정신병원으로 사용되던 두 건물 벽면에는 '자유가 치료다' '진실은 혁명이다'라는 글귀가 적혀 있다. 이곳에는 '자유가 치료다'라는 명제가 충분히 받아들여지고 있었고, 실천으로 이어지고 있었다. 바잘리아가 시작한 트리에스테의 혁명은 끝나지 않았다. 혁명은 정신건강 영역에서 일어났지만 이제 사회서비스 영역 전반으로 확장되고 있다.

바잘리아는 1980년 로마에서 시작할 새로운 개혁을 앞두고 56세의 이른 나이에 세상을 떠났다. 그가 죽은 지 꼭 40년이 지났다. 하지만 트리에스테 곳곳에서 바잘리아를 만날 수 있었다. 그의 사상, 그의 말은 여전히 남아 있고 지금도 수많은 사람이 계속되는 혁명에 동참하고 있었다. 바잘리아는 그들을 통해 살아 있다.

# *12* 우리가 함께라면 할 수 있다

## 익숙하지 않은 존재들

영화 「위 캔 두 댓」We Can Do That의 배경은 1978년 '바잘리아 법'이 시행된 후 정신병원이 폐쇄된 이탈리아다. 이 법으로 새로운 정신병원을 설립하는 것과 신규 입원이 금지되어 기존에 있던 정신병원은 점진적으로 축소되었고, 병원에 있던 환자들은 지역사회로 나오게 되었다. 바잘리아가 활동한 트리에스테를 비롯한 많은 지역에서 환자들이 지역사회 안에서 머물고 일하면서 살 수 있도록 수많은 협동조합이 설립되었다. 영화는 정신장애인 당사자가 만든 협동조합을 중심으로 이야기가 전개된다.

주인공인 넬로는 노동조합에서 일하다가 동료와 갈등을 겪고 정신병원 안에 만들어진 '협동조합 180'으로 자리를 옮긴다. 이름이 말해주듯 바잘리아 법을 기념하기 위해 병원 내에서 설립된 협동조합이다. 우리나라의 보호작업 장과 다르지 않은 풍경으로 그들은 병원 내에 있는 한 칸 짜리 사무실에서 우표 붙이는 일을 한다. 이곳에서 일하는 사람들은 아직 갈 곳이 없거나 지역사회에서 살아갈 준비가 되지 않은 사람들이다. 이들은 병원의 '손님'이라고 불리지만 아직 사회에서 자신들의 자리를 찾지 못해 병원을 벗어나지 못하는 신세다. 창살도 잠긴 문도 없지만 그들은 여전히 새로운 공간에 수용되어 있다.

우리나라의 정신건강센터는 지역사회에 거주하면서 주중에 이용하는 주간재활프로그램을 운영한다. 이곳을 이용하는 회원들은 자유롭게 집과 센터를 오가며 지역사회에서 살아가기 위한 연습을 한다. 직장을 얻거나 지역사회 안에서 자리를 찾는 사람도 있지만 수년이 지나도 센터를 벗어나지 못하는 회원도 많다. 그들은 센터의 프로그램에 참여하는 것이 일종의 단조로운 패턴처럼 일상이 되어버린다. 수원시 정신건강센터장을 그만두고 다시 찾은 센터에는 마치 변치 않는 배경처럼 많은 분이 여전히 그 자리에 계셨다. 그들을 보면서 어쩌면 이들은 병원이 아닌 새로운 공간, 즉 정신건강센터 한 켠에 다시 수용된 것은 아닐까 생각했다.

협동조합에 출근한 첫날 넬로는 회원들을 소개받는다. 영화는 카메라를 통해 넬로의 눈에 비친 환자들의 모습을 보여주는데 한눈에 보기에도 그들은 이상한 모습으로 그려지고 있다. 몸을 쉴 새 없이 떨고 행동은 굼뜨며 표정은 어색하다. 자세는 구부정하고 말은 어눌하다. 다른 사람과의 의사소통도 원활하지 않다. 이러한 모습은 실제 정신질환자의 모습을 다소 과도하게 표현한 것이다. 실제 모습과는 거리가 있다. 무엇보다 이러한 모습이 정신질환이 지니고 있는 본연의 모습은 아니다.

그들은 왜 이런 모습을 지니게 되었을까. 영화에서 그들은 왜 이렇게 그려졌을까. 첫째, 약물의 부작용일 수 있다. 정신과 약물은 떨림이나 경직 그리고 부자연스러운 움직임 등 운동기능을 저해하는 부작용이 있다. 둘째, 오랜 병원 생활의 영향일 것이다. 이는 '시설화 증후군'이라고 부른다. 병원이나 시설 등 사회에서 분리된 채 폐쇄된 환경에서 단체생활을 하다보면 자극 없이 단조롭고 반복되는 일상을 살게 된다. 사회적인 경험을 할 기회가 제한되어 무기력해지고 사회적 관계도 잘 맺지 못하게 되는 것이다. 셋째, 미디어에서 이러한 모습을 부각했기 때문에 우리가 정신질환자에 대한 선입견이 있다. 우리는 제대로 마주한 적 없는 그들의 모습을 사회의 편견대로 생각하고 받아들인다. 넬로의 시선이 투영된 카메라가 보여주는 정신질환자의 과장된 모습도 우리의 인식, 그러니까 정신질환자에 대한 왜곡된 이미지를 나타내는 것이 아닐까.

하지만 넬로가 그들과 자주 만나면서 가까워지는 것처럼 우리 또한 낯설고 거부감이 가득한 그들의 모습이 시간이 지날수록 친근하게 다가올 것이다. 자주 보고 곁에서 같이 지내다 보면 친근감이 들고 익숙해지기 마련이다. 사회적 편견도 걷어낼 수 있다.


나는 정신질환자가 일할 수 있는 자리를 만들고 함께 살아가기 위해 사회적 기업 '우리동네'를 설립해 '우리동네 커피집'을 운영했다. 처음에는 일하는 분들이 정신장애인임을 굳이 드러내지 않았다. 사람들이 지닐 선입견을 우려하기도 했고 연민의 시선으로 비춰지길 원하지 않은 것도 있지만 정신장애인임을 강조하지 않고 보통의 카페처럼 경쟁력을 잘 갖춰 시장과 승부하고 싶었다. 좋은 커피를 위해 원두도 직접 볶고 인테리어에도 많은 투자를 했다. 정신장애인이 일하는 카페가 아닌 분위기가 좋고 커피맛이 좋은 카페로 인식되기를 바랐다. 카페는 사람들에게 입소문을 타며 나름 장사가 잘 되었다. 그때까지도 사람들은 직원이 정신장애인임을 분명히 알지 못했다.

'우리동네커피집'이 정신장애인이 일하는 사회적 기업으로 알려진 것은 방송을 타면서부터다. 그 후 도리어 내가 사람들을 의식하게 되었다. 사람들은 직원이 조금만 이상한 모습을 보여도 수군거렸다. 나는 사람들이 "어쩐지 이상했어"라며 직원들이 정신장애인이기 때문이라고 생각하는 것은 아닐까 혼자서 불안해했다. 정신장애인이라는 것이 전면에 드러났을 때 사람들이 지니게 될 선입견이 그만큼 두려웠기 때문이다. 하지만 선입견은 함께하지 않을 때 더욱 강화된다. 우리, 즉 정신질환을 앓고 있는 사람들과 앓고 있지 않은 사람들은 서로에게 익숙해져야 한다.

지금도 충분하지 않지만 내가 어렸을 때 장애인의 이동권은 보장되지 않았고 극히 제한적이었다. 고백하자면 나는 힘겹게 밖에 나와 돌아다니는 그분들을 이해하지 못했고 나와 다른 그들이 낯설어 불편한 마음이 들었다. 그들을 위해 건물 구조를 바꾸고 휠체어가 잘 다닐 수 있는 차량을 마련하는 것이 과연 필요한가 하는 생각도 했다.

장애인의 이동권에 대한 논의가 활발해지고 점차 사회적으로 그들의 권리를 위한 노력이 확대되었다. 이동권이 보장되자 사회로 나가지 못하던 그들은 하나둘 사회로 나왔다. 그때 깨달은 것은 첫째, 그들이 사회로 나오지 못한 것은 사회가 그들을 위한 배려를 충분히 하지 않았기 때문이라는 것. 둘째, 주변에서 그들을 자주 볼수록 어색함과 낯섦은 사라지고 그들이 본래 자리를 찾은 것처럼 익숙하고 편안해졌다는 것이다.

낯설다는 게 그렇다. 나쁘거나 좋다는 판단이 들어가서는 안 된다. 낯섦이 점차 익숙함이 될수록 그건 자연스럽고 당연한 것이 된다.

카페는 사람들에게 입소문을 타며 나름 장사가 잘 되었다.
그때까지도 사람들은 직원이 정신장애인임을 분명히 알지 못했다.
'우리동네커피집'이 정신장애인이 일하는 사회적 기업으로
알려진 것은 방송을 타면서부터다.
그 후 도리어 내가 사람들을 의식하게 되었다.
사람들은 직원이 조금만 이상한 모습을 보여도 수군거렸다.

## 버려진 나무를 조합해 만든 마룻바닥

다시 영화로 돌아가자. 넬로는 직원들을 소개받고 이름을 부르며 서로를 알아가기 시작한다. 작업장을 둘러보며 그들이 하고 있던 우표 붙이는 작업을 살펴본다. 그들은 우표를 정해진 곳이 아닌 봉투의 아무 곳에나 붙였다. 효율적이지 않았다. 다음 날 넬로는 올바른 곳에 효율적으로 우표를 붙이는 방법에 대해 함께 모여서 얘기하자며 회의를 개최한다. 하지만 자기만의 방식을 방해받고 싶지 않은 이유에서인지 조합원인 루까는 넬로에게 주먹을 휘두른다.

델 베키오 원장은 넬로에게 여기서는 일반적인 조합처럼 회의를 열어서는 안 된다고 말한다. 그는 정신병이 사람들을 고립시켰으며, 대화조차도 그들을 피곤하게 한다고 했다. 누가 그랬는지 추궁하는 원장에게 넬로는 넘어졌다는 말로 둘러대며 작업장 내부의 문제는 작업장에서 해결해야 한다고 원장의 개입을 거부한다. 그런 넬로에게 원장은 넌지시 루까가 십대부터 가족에게 폭력을 행사해 치료를 받고 있다는 사실을 알려준다. 그리고 원장은 "본능

274

을 따르면 안 돼요. 이 사람들 속에는 지옥이 있어요"라고 말한다. 나는 원장의 말을 듣고 이내 궁금해졌다. 원장은 폭력적인 성향, 사회적인 고립, 부적절한 방식 등을 지옥이라고 말한 것일까. 이 사람들 안의 지옥은 뭘까.

현실에서 이런 일이 벌어졌다면 진정제를 주사하고 보호실에 격리했을 것이다. 내게는 이런 것이 지옥이다. 우리가 정신질환을 앓고 있는 사람들에게 심어준 정신병원의 경험은 일방적인 처벌이 일상인 곳이다. 정신질환자가 아니었다면 이 정도의 가혹한 대가는 없었을 것이다. 이런 공간이 지옥이 아니면 뭘까.

넬로는 루까에 대한 원장의 태도에 동의하지 않았고, 이 일을 계기로 조합원들과 가까워진다. 넬로는 평범한 직업을 가지고 싶지 않느냐고 회원들을 설득하며 현재와 같이 복지업무를 계속할 것인지 아니면 시장으로 진입할 것인지를 두고 열띤 토론을 한다. 그 결과 그들은 시장에 진입해 돈을 벌기 위한 보통의 일, 그중 마루 까는 일을 하기로 결정한다.

회의 내내 '증상의 축제'가 벌어진다. 생각에 제한이 없는 사람. 어떤 일을 하건 매니저가 되고 싶은 사람. 트럭을 사고 싶은 사람. 나무 냄새를 좋아하는 사람. 일은 하기 싫고 UFO가 주는 은퇴수당을 받는 기적을 만들고 싶은 사람. 보안관이 되고 싶은 사람. 무언가를 제안하고 싶지만 말하려다 그냥 앉아버리는 사람. 지금은 그들이 앓고 있는 증상처럼 보이지만 곧 이 사람들의 능력이 되어 각자의 역할을 맡게 된다. 영화는 '다름'이 창조적인 능력이 될 수 있음을 알려준다. 증상은 그저 증상이 아니고 우리가 어떻게 대하느냐에 따라, 그들이 증상을 어떻게 활용하느냐에 따라 능력이 될 수도 있다는 것이다. 넬로는 그들을 환자가 아닌 그저 한 사람의 노동자로 대한다.

획일화된 사회는 끔찍하고 기본적으로 폭력적이다. 그 사회는 얼마나 유지될 수 있을까. 우리가 위대하고 놀랍고 숭고하다고 생각하는 예술도 독특함과 창조성, 즉 다름을 기반으로 한다. 나는 정신질환자가 무조건 기피대상이 되거나 연민의 대상이 되어서는 안 된다고 생각한다. 그들의 능력을 발휘할 수 있는 장을 열어줘야 한다. 적어도 정신질환자를 '일할 수 없음'이나 '일해서는 안 됨'으로 받아들여선 안 될 것이다.

최근 양구군은 정신질환자 취업지원 사업을 추진한다

고 밝혔다. 정신질환자를 채용하는 사업장에 인건비를 지원해주는 사업이다. 한편 정신장애동료지원센터 등 13개 시민단체는 2020년 6월 10일 정신장애인 취업 차별 법령 28개를 폐지하라는 진정서를 보건복지부 장관과 감사원장에게 제출했다. 사회는 차별을 점점 철폐하고 다양성을 넓힐 때 유지될 수 있다. 다양성이 있는 사회는 비록 갈등이 생기더라도 이를 조정하고 발전할 수 있는 잠재력이 있다. 다양성은 가까이에서 들여다보면 혼란스럽고 분열된 것처럼 보일 수 있지만, 역동적이고 강해 위기에도 잘 대처할 수 있는 건강함이 있다. 다양성을 받아들이지 못하고 배척하는 사회는 반목과 불신으로 분열되고 혼란으로 치닫는다.

어느 날 넬로가 급하게 장례식에 가게 되고 다른 조합원들만 남아 작업을 하고 있을 때 문제가 발생한다. 나무가 부족해서 작업을 진행할 수가 없었고 나무를 가지러 갔던 두 회원은 오지 않았다. 모두가 이상한 행동을 보이던 급박한 상황에서 그들은 회의를 개최하게 되고, 버려진 나무를 활용하자는 결론을 내린다. 그리고 기존의 계획과 전혀 다른 무늬로 마룻바닥을 채운다.

뒤늦게 작업장에 도착한 넬로는 완성된 마룻바닥을 보고 담당자에게 실수했다고 잘못을 사과하지만 담당자는 도리어 예술적이라는 찬사를 한다. 이일을 계기로 조합은 승승장구하게 된다.

버려진 나무는 버려진 자신들이며, 버려진 나무를 조합해 만든 모자이크 모양의 바닥은 버려진 자들이 서로의 능력을 조합해 새로운 것을 탄생시키는 일이었다. 나무 조각을 분류하는 일은 지루한 작업이지만 이러한 일을 할 때 누군가의 '증상'은 '재능'이 된다. 강박과 회계 또한 더 할 나위 없이 좋은 조합이다. 애정 망상이 있는 사람에게는 전화받는 일이 알맞다. 함구증이 있는 사람의 과묵함은 무게 있는 사장 역할에 제격이다. 이처럼 각자의 증상이나 능력이 합쳐지자 빛나는 하나의 모자이크 작품이 되었다.

나는 다른 원장들과 함께 정신건강의학과 의원을 운영하고 있다. 나는 산만하고 충동적이라 하고 싶은 일이 많고 결심한 일을 실행에 옮기는 것에 망설임이 없다. 그래서 다른 원장님들이나 직원들은 내가 또 새로운 일을 벌이지 않을까 노심초사한다. 새로운 시도가 늘 성공하면 좋 겠지만 실패하거나 손해 보는 경우도 많기 때문이다. 함께 일하는 사람들에게 정신없이 이러저러한 일을 만드는 내 가 스트레스요 답답하고 속 터질 일이다. 그런데 나와 일 하는 한 동료 원장은 나와 성향이 전혀 다르다. 그는 다소 강박적으로 느껴질 정도로 꼼꼼하고 체계적으로 일하며 섬세함을 추구한다.

주변 사람들은 우리 둘의 조합을 기이하게 생각한다. 이 렇게 다른데 어떻게 함께 일할 수 있느냐고 묻는다. 나는 그럴 때마다 다르기 때문에 함께 일한다고 답한다. 내가 일 을 벌여놓으면 그는 수습한다. 체계적으로 정리하고 꼼꼼 하게 정돈한다. 그는 나의 철학과 내가 추구하는 가치에 동 의하지만 일하는 방식이 서로 다르다는 것을 안다. 병원 안 은 자신이 책임질 테니 바깥에서 마음껏 일하시라던 그의 말이 가슴속에 남아 있다.

오목 블록과 볼록 블록의 결합처럼 혼자는 부족하기 때 문에 사람은 누군가와 함께해야 한다. 나의 과잉행동, 무모 함, 충동적인 행동은 단점일 수도 있지만 그가 지니고 있는 체계성과 섬세함으로 보완되어 더 큰 상승 효과가 나타난다. 물론 동료 원장은 내 생각에 동의하지 않을 수도 있지만 말이다. 다른 것이 뭉쳐 더 나은 것을 만든다. 그와 나는 그래도 좋은 조합이라고 생각한다.

나는 '우리동네'에서 세탁 공장을 운영할 당시 지적장애나 자폐장애가 있는 직원을 고용했다. 정신질환이 있는 직원은 이들을 챙기고 이끌어가는 형이나 삼촌 역할을 책임감 있게 수행했다. 덕분에 지적장애가 있는 직원은 우직하게 자신이 맡은 일만 성실하게 수행할 수 있었고 또 자폐증이 있는 직원도 자신에게 맞는 책임을 맡을 수 있었다. 지적장애나 자폐장애로서 지니는 특징뿐 아니라 개인으로서 지니는 특징을 반영해 역할을 나누기도 했다.

### '우리는 싸움을 위해 전진한다'

어느 날 루까가 침대에만 누워 있고 작업장에 모습을 나타내지 않는다. 루까는 약물 치료를 받으면서 일하는 걸 버거워했다. 그는 일에 집중하기도 힘들고 제대로 힘을 쓸 수도 없는 자신의 처지에 대해 갈등한다. 다른 회원들도 각자 약으로 인한 고충을 털어놓는다. 넬로는 원장을 찾아가 회원들의 약물 복용량을 줄일 수 있는지 묻는다. 원장은 일반적인 삶이 환자들을 더 힘들게 할 것이고 환자들은 스트레스를 견딜 수 없을 거라고 거부하며 환자들의 잠재적인 위험성과 폭력성에 대해 경고한다. 넬로는 원장을 설득하려는 생각을 단념하고 병원의 다른 젊은 의사 푸를란과 의기투합해 병원에서 나오기로 결심한다.

조합원들은 회의를 통해 다음과 같은 조건을 내세운다. 첫째, 협동조합이 병원에서 나와 독립. 둘째, 새로운 의사의 처방. 셋째, 무상복지를 포기하고 시장에 진입. 넷째, 델 베치오 원장에게 감사를 전하며 새로운 대표 선출.

그렇게 그들은 영원히 거부할 수 없을 것 같던 원장에게 이별을 고한다. 원장은 나가기 직전에 또다시 약물 감량에 따라 발생할 위험에 대해 경고한다. 하지만 조합원들은 약을 감량하고 생계를 스스로 해결할 수 있게 되면서 사랑에도 눈을 뜨게 된다. 자연스럽게 세상 속으로 전진해 나간 것이다. 누군가에게 반하고 서툴지만 사랑을 고백하며 결혼과 아이를 꿈꾼다. 그들은 일을 통해 자연스럽게 세상 속으로 들어간다.

누구나 '정상적인' 삶을 꿈꾼다. 정신질환자들도 남들처럼 살기를 원한다. 우리와 다르지 않다. 지금은 '우리동네'의 대표이사로 계시며, 오랫동안 '우리동네커피집'의 점장으로 일한 이영준 선생님도 병으로 힘들었던 시기가 지나자 일하면서 생활하기를 원했다.

급여를 받게 되면 기초생활수급자에서 탈락해 수급비를 받지 못할 것이고 더 적은 돈으로 생활해야 할 수도 있었다. 하지만 점장님은 큰돈을 벌지는 못할지라도 정당한 노동을 하고 정당한 소득을 벌어 사회에 기여하고 싶다는 뜻을 밝혔다. 많은 정신질환자가 일할 수 있는 사정이 되지 않아 기초생활수급자로 수급비를 받는다. 그리고 많은 정신질환자가 나라에서 주는 수급비에 의존하지 않고 스스로 일해서 돈벌 수 있기를 원한다. 그것이 그들에게 더 의미가 있다는 것을 알기 때문이다.

점장님은 심한 우울증으로 정신장애 판정을 받은 등록장애인이었다. 장애인 고용지원 혜택을 받을 수 있었지만 일을 하고 어느 정도 생활이 안정되자 장애등록을 스스로 취소했다. 이처럼 장애가 있더라도 일하면서 회복에 이를 수 있다. 다른 신체장애나 지적장애는 대개 고착되어 비가 역적이지만, 정신장애는 충분한 회복 과정을 통해 좋아질 수 있다. 일하면서 많이 좋아져 약을 감량하기도 한다. 점 장님도 일을 하면서 약의 용량을 감량했고 결국 모든 약을 끊었다. 모두가 그런 것은 아니지만 일을 하면 생활이 안정되고 증상이 안정되는 경우가 많다. 일한다는 것 자체가 치료의 의미를 지니고 있는 것이다.

일을 통해 약을 감량한 것과 반대로 일을 하다가 약을 증량한 경우도 있다. 한 사람은 자신의 증상을 숨기면서까지 약을 먹지 않으려 할 정도로 약에 대한 거부감이 심했다. 그런 그가 일을 시작하고 며칠이 지나자 약을 증량해 달라고 했다. 무슨 일인가 놀라서 물어보니 일을 하다가 환청이 들려서 일에 방해가 되니 환청을 없애려고 약을 늘려 달라는 얘기였다. 일은 약 먹기 싫어한 그에게도 스스로 약을 먹게 만들었다. 일을 잘하고 싶다는 생각, 일을 통해서 더 나아지고 싶다는 생각을 하게 된 것이다. 그는 일도 잘 유지했고 증상도 많이 좋아졌다.

일한다는 것은 단순히 돈을 번다는 의미를 뛰어넘는다. 일을 통해 자신도 할 수 있다는 생각으로 자신의 삶을 살아간다. 일을 하며 만족감을 얻고 일을 통해 자신의 능력을 확인한다. 자기 주체성을 키워나가는 것이다. 이것은 곧 회복에 이르는 길이다.

## 정신질환자의 사랑과 결혼

일을 해서 소득이 생기고 자립하면 자연스럽게 다른 사람과 사랑하게 된다. 결혼을 꿈꾸고 많은 사람이 당사자 간에 만난다. 이전보다는 높지만 정신장애인의 결혼 비율은 상당히 낮은 것으로 알려져 있다. 대부분 부모의 반대로 결혼이 좌절되어 아파하는 경우가 많다.

정신질환자는 결혼하면 안 되는 존재로 생각하는 것일까. 정신질환의 위험성을 안고 태어날지도 모를 2세를 낳아서는 안 된다는 의미인가. 물론 정신질환은 유전적인 경향이 있어 조현병의 경우 양쪽 부모가 조현병일 때 자녀에게 유전될 확률이 상당히 높다. 하지만 이것은 확률의 문제지 반드시 꼭 유전되는 것은 아니다. 아이를 가지더라도 양육을 철저히 준비하면 될 일이다. 무엇보다 부모가 될 당사자들이 고민하고 선택할 일이다. 중요한 건 아이를 가지고 싶다는 두 사람의 하나 된 마음이다.

가족이나 의사인 내가 고민해야 하는 건 그들의 선택을 응원하고 돕기 위해 어떻게 충분히 잘 알려주느냐 하는 것이다. 부모가 결혼과 출산을 반대하자 "조현병이 있는 우리는 태어나지 말았어야 하나요?"라고 울분을 터뜨리는 분이 계셨다. 그는 부모의 극심한 반대에 자신의 존재마저 부정당했다고 느꼈다. 그가 받았을 상처 때문에 난 말을 이을 수 없었다.

사람은 누구나 사랑할 권리가 있다. 소중한 사람과 가정을 꾸리고자 하는 바람과 자식을 낳고자 하는 소망이 있다. 정신질환을 앓고 계신 분들의 사랑과 결혼, 성에 대해 충분한 고민이 필요한 시점이다.

다시 영화 이야기를 해보자. 작업 일정 담당 빠비오는 늘어나는 일로 근무시간을 연장해야 한다고 말한다. 하지만 일하다 만나게 된 여성 고객과 데이트를 하게 된 지지오는 8시간 이상 일하고 싶어 하지 않는다. 두 사람의 갈등에 넬로는 새로운 마루장이를 구하기로 하고 정신병원에 갔다가 깊은 생각에 잠긴다. 정신병원에는 여전히 수많은 환자가 있었던 것이다. 넬로는 협동조합을 키우고 파리의 지하철역마다 마루를 깔 수 있다면 정신병원을 비울 수 있다는 포부를 갖는다.

이윽고 개최된 회의에서 임금을 조금씩 양보해 장비를 사고 규모를 확장하자는 제안을 하지만 회원들의 강경한 반대에 부딪힌다. 그들은 더 높은 이상을 위한 희생과 당장의 현실적인 지출 사이에서 대립한다.

사랑에 빠진 지지오는 액세서리도 사야 하고 여러 가지로 돈 쓸 일이 많다. 자신은 미래는 모르겠으니 현재를 즐기겠다며 더 큰 뜻은 필요 없다고 한다. 다른 회원들도 차를 사고 염색을 하고 주식을 사고 휴가를 가야 한다. 정신병원에 있는 수많은 환자를 데려와야 한다는 대의보다 자신들의 욕심을 따른다. 일반적인 우리의 모습이다. 넬로는 조합원들이 미쳤다며 격분하지만 이 순간 진짜 미친 사람은 넬로밖에 없다. 넬로만 이상에 미쳐 있다. 젊은 의사인 푸를란은 저 사람들이 반대하는 것은 당신의 위대한 승리라고 말한다.

지지오는 여성 고객과 연인으로 발전하게 되고 루까와 함께 파티에 간다. 그러던 중 집에서 만든 음식에 독이 들어 있다는 지지오의 망상으로 소동이 벌어진다. 루까는 지지오를 놀려대는 사람들에게 주먹을 휘두른다. 그들은 경찰서에서 조사받으며 일반인과 환자 사이의 거리, 끝내 세상에 받아들여지지 않는 자신들의 처지에 상처받는다. 지지오는 자살한다. 어쩌면 지지오는 삶에서 가장 행복했던 순간을 남기고 싶었는지도 모른다.

지지오를 보면 생각나는 사람이 있다. 그는 좋은 대학교를 다니다가 발병해 학교를 마치지 못하고 중퇴했다. 그를 더 참담하게 한 건 나아졌다 좋아졌다를 반복하는 그의 증상이었다. 수차례 입원을 반복하다 다행히도 정신재활센터에 다니면서 점차 생활은 안정되었다. 재활센터와 연계된 직업재활을 하며 증상이 줄었고 생활은 더욱 나아졌다.

그는 10여 년을 병과 싸운 끝에 30대 초반 처음으로 직장생활을 하게 되었다. 처음 하는 직장생활이 만만치 않았지만 그는 한 달을 잘 다녔고 첫 월급을 받았다. 뜻깊은 첫 월급으로 부모님에게 드릴 선물을 사고, 자신도 좋은 옷을 한 벌 마련했다. 인생에서 가장 특별했을 그날, 그는 아파트에서 뛰어내려 스스로 목숨을 끊었다.

그는 재발할 때마다 많이 힘들어했다. 조금 좋아지더라

도 금방 또 나빠질 거라며 걱정했다. 불안감은 항상 그를 괴롭혔다. 그렇게 반복된 악화와 호전이 지금까지 버텨내던 그를 조금씩 갉아먹었던 것일까. 점차 나아질 수 있다는 확신을 잃었던 것 같다. 그래서 또다시 무너지기 전에, 스스로와 주변 사람에게 실망스럽고 못난 모습을 보이기 전에, 가장 아름다운 지금 이 순간에 끝내고 싶었던 것은 아닐까.

지지오가 죽자 협동조합은 와해되고 환자들은 다시 정신병원으로 들어간다. 넬로는 자책과 실의에 빠져 방황한다. 원장은 넬로에게 이곳에는 당신이 필요하다며 다시 시작하기를 권한다. 힘든 일을 하다 보면 잘 안 될 때가 있다고 위로한다. 바뀌지 않을 것 같은 의사가, 편견의 잠에서 영원히 깨지 않을 것 같던 의사가 깨어난 것이다. 원장은 지지오의 자살을 분석하면서 넬로가 지금까지 해온 일의 치료 효과를 눈으로 확인했다.

조합원들은 넬로를 붙잡기 위해 회의를 열고 무급으로라도 일해서 조합을 다시 일으키자는 결론을 내린다. 일을 하며 돈을 벌자는 평범한 사람처럼 자신의 입장만 생각하던 조합원들이 다시 타인을 생각하는 건강한 미친 모습을 보인다.

마지막 장면. 새로운 직원이 조합에 도착하고 과묵한 사장은 연설을 한다. 그는 아무 말 없이 직원들을 쳐다본다. 그들은 서로 알고 있다. 진심은 눈빛으로도 통한다. 나에게는 그 연설이 이렇게 들렸다.

우리가 함께라면 할 수 있다.

# *13* 공동체, 마음이 아픈 사람들을 품다

## 정신의학과 퇴마의식

15년 전, 내가 일하던 병원에 젊은 남자가 입원했다. 20대였던 그는 최근 거의 잠들지 못했고, 이유를 알 수 없는 두려움을 호소했다. 방에서 한 발짝도 나오려고 하지 않아 다니던 직장에도 출근하지 못했다. 입원 후 며칠이 지나자 그의 상태는 많이 안정되었다.

그러던 가운데 그의 어머니가 찾아와 조심스럽게 잠시 외출을 다녀와도 되겠느냐고 물었다. 어머니의 표정이 심상치 않아 이유를 물어보니, 집안 어른들의 권유로 마지못해 굿을 하기로 했고 이미 예약해놓은 상황이라고 머뭇거리며 말했다. 환자 또한 부모와 집안 어른들의 제안에 동의한 상황이었다. 그는 자신의 증상으로 가족들에게 보였던 행동을 미안해했고, 가족들의 제안을 받아들이는 것으로 조금이나마 죄책감을 덜어보려는 것 같았다.

고생해서 가장 '영발' 있는 무속인을 찾은 모양이었다. 굿을 하는 데 드는 비용이 상당했지만 집안의 경제력이 풍족했던 터라 큰 부담은 되지 않았다. 외출을 다녀온 환자는 며칠이 지나지 않아 안정된 모습으로 퇴원했다. 굿이 얼마나 '치료적'인 효과를 지녔는지는 알 수 없지만 적어도 집안 어르신들의 불안만큼은 치료하지 않았을까.

우리는 언제 신을 찾고 언제 신에게 의지할까. 나는 초등학교 고학년 때 죽음에 대해 처음 고민했다. 죽고 싶었다는 것이 아니라, '사람은 반드시 죽는다'라는 명제를 구체적으로 고민했던 것이다. 어린 내게 죽음은 너무나 무섭고 받아들이기 버거운 사실이었다. 언젠가는 반드시 죽을 수밖에 없는 운명을 부정하려 했지만 그런 노력은 고통스럽기만 했다.

바로 그때 신이 내 앞에 등장했다. 나는 신만이 이 고통을 해결할 수 있다는 결론에 도달했다. 그렇게 죽음에 대한 두려움은 나를 교회로 전도했다. 결과적으로 종교는 내게 죽음에 대한 답을 주지 않았지만 어떠한 영적인 끌림을 통해 나는 잠시나마 안도하고 편안함을 느꼈다. 특정 신앙을 떠나 영적인 믿음은 사람들의 마음을 편안하게 해 주는 힘이 있다. 당시 환자의 가족이 굿을 통해 얻고자 했던 것과 죽음 앞에서 괴로워하던 어린 내가 교회에서 찾고자 했던 것은 비슷하지 않았을까.

정신과 진료를 하다 보면 중증 정신질환에 걸린 많은 환자와 가족의 혼란을 목격한다. 자신이나 가족이 앓고 있는 질환을 도저히 받아들일 수 없다고 말하는 사람이 많다. 혈액검사처럼 객관적 수치나 영상촬영처럼 눈에 보이는 명확한 병변이 없는 질환이기 때문이다. 특히 자신이나 가족이 어느 누구에게도 환영받지 못하는 중증 정신질환임을 인정하기는 쉽지 않다. 그 순간 많은 사람이 초월적인 존재를 찾거나 또는 그런 존재가 지닌 힘으로 치료해 줄 수 있다는 제안을 받는다.

2019년 7월 12일 자 신문에 귀신들린 딸의 부탁으로 어머니가 딸을 절에 데려가 퇴마의식을 하다 사망한 사건을 다룬 기사가 실렸다. 퇴마의식을 한 스님은 정말 귀신들린 사람을 고통에서 해방시키고자 하는 순수한 의도에서 한 것일까. 그러다 실수한 것일까.

정신과 치료를 받으면 안 되고 기도하면 나을 수 있다고 말하는 목사도 많다. 그들은 어떤 믿음으로, 어떤 근거로 그런 말을 하는 걸까. 정신질환과 종교, 무속신앙, 신들림의 관계에 대해 여기서 상세히 논의하고 싶은 것은 아니다. 다만 정신의학만으로는 그들에게 만족할 만한 설명을 할 수 없고, 믿음을 줄 수 없는 정신과의사로서 나는 그들이 지니고 있는 믿음과 그들의 확신이 차라리 부럽기만 하다. 이유를 알 수 없는 정신질환이라서 존재를 알 수 없는 신이나 귀신에게 기대는 것이 정신의학보다 더 큰 의지가 되는 듯하다.

## 공동체가 수행하는 돌봄

사원이나 사찰은 실제로 치료적인 역할을 수행하기도 한다. 과거 유럽에서도 수도원을 중심으로 정신질환자를 돌봤고, 우리나라도 종교 시설을 중심으로 그들을 돌봤다. 의학의 영역이 확대되면서 종교가 지니고 있던 돌봄의 역할은 자연스럽게 의료적인 부분으로 넘어갔다. 하지만 의료체계가 부족한 곳에서는 여전히 종교가 큰 역할을 한다.

나는 캄보디아에서 진료를 하다가 사원이 돌봄과 보호의 역할을 수행하는 모습을 여러 차례 목격했다.

　캄보디아의 한 작은 항구. 나는 새벽부터 배에 올랐다. 아직 해가 뜨지 않아 어둑하고 바람은 제법 선선했다. 우리가 방문해 진료하는 곳은 배로 두 시간이 걸리는데 이 동시간이 길다보니 이른 새벽에 출발하고 아침밥은 한국에서 사온 전투식량으로 배에서 해결했다. 그렇게 두 시간이 지나 작은 마을에 도착하면 캄보디아 교통 수단인 뚝뚝Tuk tuk이 기다리고 있었다. 늘 우리를 도와주는 기사님이다. 본격적으로 환자들의 집을 방문하며 진료를 시작한다. 기사님은 우리가 방문하려는 환자의 집을 따로 말하지 않아도 알아서 안내한다.

　때로는 뚝뚝이 기사님에게 부탁을 하기도 한다. 이동시간이 길고 머무는 시간이 짧기 때문에 새로운 환자를 만나기 어렵기 때문이다. 한 명의 환자라도 더 보고 싶은 마음에 새로운 환자를 소개해 달라고 기사님에게 반복적으로 부탁했던 터였다. 우리의 도움이 필요한 분이 있으면 언제든 같이 가자고 제안했다. 지난 방문 때는 기사님이 여러 정신적 문제로 힘들어하는 몇몇 환자의 집으로 우리를 안내했다. 계획된 일정에는 없는 집이었다. 그중 한 곳이 바로 그 마을에 있는 사찰이었다. 사찰에서 두 명의 새로운 환자를 만나 그들의 이야기를 듣고 처방을 해주었다.

한 환자는 30대 중반의 여성으로 집도 없고 가족도 없어 갈 곳이 없는 뇌전증 환자였다. 마을에서 배회하는 그를 주지 스님이 데려와 사찰에 기거하게 했다고 한다. 마을 약국에서 약을 사서 복용했지만 효과가 없었다고 했다. 또 다른 환자는 40대 중반의 남성이었다. 우리는 사찰에서 일하고 있는 직원의 도움을 받아 면담을 진행했다. 그 또한 가족도, 집도 없이 마을을 배회하며 살았다. 타인과 일상적인 의사소통이 어려웠고 혼잣말을 하거나 알아들을 수 없는 말을 했다고 한다. 그를 본 스님이 사찰에서 함께 살 것을 제안했고 그도 받아들여 그렇게 함께 살고 있었던 것이다.

한 달 후 다시 방문했을 때 그들은 약을 잘 복용했고 전보다 많이 안정된 모습을 보였다. 여성 환자는 뇌전증의 발작 증상이 없어졌고, 남성 환자와는 어느 정도 의사소통이 가능해졌다. 사찰 직원에 따르면 혼잣말도 줄었다고 한다. 면담을 하던 중 내 주변으로 동자승들이 모여들었다. 밝은 얼굴로 두 분이 많이 좋아졌다고 나에게 말해준다.

두 분의 상태가 좋아지니 동자승들도 행복해 보였다. 과거 정신병원이 없던 시절에는 정신질환자가 어떻게 살았을지 알기 힘들지만, 정신병원이 없던 한국의 시골 마을을 상상하는 건 어렵지 않다. 마을에는 정신적인 혼란으로 버려진 누군가가 있었을 것이다. 우리네 마을 공동체도 함께 살던 그들을 그렇게 공동체 안에서 돌보지 않았을까.

## 길타운 '치료 마을'

14세기 플랑드르Flandre의 길Geel타운에 위치한 교회에 정신적인 고통을 겪는 순례자들이 찾아왔다. 성 딤프나의 성소에 예배를 드리러 온 것이다. 주민들은 마을에 머무는 그들을 다정하게 돌봤다. 그 마을은 일종의 '치료 마을'이었는데 이는 '치료 공동체'의 시초였다. 이 마을이 형성된 계기는 전설적인 이야기를 품고 있다. 이야기의 시작은 7세기로 거슬러 올라간다.

7세기 아일랜드 지역의 작은 나라에 데이몬이라는 왕이 있었다. 그는 왕비를 무척이나 사랑하는 유약한 왕이었다. 그는 신실한 기독교 신자인 왕비와 딤프나 공주와는 달리 이교도였다. 공주가 열네 살 때 왕비가 죽자, 진심으로 왕비를 사랑했던 왕은 깊은 슬픔에 빠져 아무런 일도 할 수 없는 지경이 되었다. 그러자 신하들은 왕비와 닮은 여인을 찾아 재혼할 것을 제안했다. 신하들은 왕비를 닮은 여인을 찾아보지만 어디에서도 왕의 마음을 흡족하게 하는 후보자는 찾을 수 없었다.

왕은 정신이 점점 악화되어 거의 실성한 상태가 되었다. 그러자 왕은 왕비를 제일 닮은 자신의 딸인 딤프나 공주와 재혼하겠다고 선언했다. 아버지의 마음을 알게 된 공주는 자신의 종교적 서약을 수호하고자 수사와 몇몇 수하를 데리고 지금의 벨기에 영토인 길타운으로 도망갔다. 그곳에 정착한 딤프나는 가져온 돈으로 지역의 가난하고 아픈 이들을 위한 시설을 지어 돌봤다.

데이몬왕은 딸이 길타운에 있다는 사실을 알고 딸을 찾게 된다. 왕은 그녀와 함께 있던 수사와 수행원들을 참수하며 공주를 협박했지만 딤프나는 마지막까지 아버지의 결혼 요구를 거절했다. 이에 화가 난 왕은 자신의 딸마저 도 자신의 손으로 참수한다. 그때 딤프나의 나이 열다섯이 었다.

14세기에 딤프나의 유해로 추정되는 뼈가 발견되고 그를 기념하는 교회가 1349년에 건축되었다. 딤프나는 아버지의 광기에 맞서 죽음으로 종교적 서약을 지켜냈기에 '광기의 수호성인'으로 추앙받았다. 유럽 전역에서 길타운으로 많은 순례자의 발길이 이어졌다. 이들은 자신의 정신질환을 치료하고자 성 딤프나의 교회를 찾은 것이었다. 너무 많은 광인이 교회를 방문했기에 교회에는 머물 공간이 부족해졌다. 마을 사람들은 머물 곳이 없는 광인들을 자신들의 집으로 데려와 함께 살기도 했고 농사도 같이 지었으며 그들의 치유를 위한 기도를 드리기도 했다.

정신질환자와 함께 살아가며 돌보는 이러한 전통은 500년이 넘는 기간 동안 지속되었고 오늘날에도 우수한 전통으로 이어지고 있다. 학자들은 이러한 공동체가 지닌 치료적 힘에 주목해 과학적 연구를 실시하기도 했다. 정신질환자들은 예전에도 그랬고 현재에도 여전히 길타운의 주민으로서, 여러 가정의 일원으로서 함께 살아간다. 그들은 환자로 불리지 않고 하숙생으로 불리며 마을의 평범하고도 의미 있는 일원으로 대접받는다.

길타운을 책과 자료로만 접했던 내게 그곳은 마치 성지와도 같았다. 2017년 가을, 나는 성지순례를 하는 마음으로 길타운으로 향했다. 목적지에 다다를수록 도로 곳곳에 'Geel'이라고 쓰인 이정표가 눈에 들어왔다. 어느 여행지보다도 설렜다. 무엇이 나를 이토록 설레고 떨리게 만드는 것일까.

도시 안으로 들어서자 딤프나 교회, 딤프나 도로, 딤프나 병원 등 시내 곳곳에서 '광기의 수호성인' 딤프나의 이름을 딴 건물을 볼 수 있었다. 예전보다 많지는 않지만 여전히 하숙생들이 있었고 그들은 지역주민이 제공하는 거주 공간에서 함께 지내고 있었다. 예전과 달라진 것이라면 공공기관에서 좀더 체계적인 사례관리 체계를 구축하고 경제적인 지원과 전문적인 돌봄 서비스를 제공하고 있다는 것이었다. 이 모델은 세계보건기구에서도 인정한 우수한 사례관리 모형으로 유럽을 넘어 세계 여러 나라에서 그 나라의 실정에 맞게 실시하고 있다.

성인에 대한 숭배로 시작된 성지순례는 정신질환자에 대한 교회의 돌봄을 마을로 확장시켰고, 이것이 치료적인 힘을 지닌 공동체가 되었다.

## 공동체가 가야 할 길

군이 '치료'라는 말을 붙이지 않더라도 공동체 자체에는 치료적인 힘이 있다. 공동체 안에서는 무슨 일이든 일어날 수 있다. 갈등도 생기지만 이를 다루는 과정에서 공동체는 물론 공동체를 구성하는 각 개인이 성장하기도 한다. 마음이 아픈 사람들은 공동체 안에서 안정감을 느낀다. 사람과 교류하면서 성장하며 서로를 치유할 뿐 아니라 스스로 회복해 나간다.

정신의학이 발달하지 않았던 시절 길타운에서 치료 공동체가 생겨날 수 있었던 것은 종교라는 구심점이 있었기 때문이다. 이제 종교의 역할은 과거와 같지 않다. 종교가 떠안고 있던 영역은 과학과 의학에 자리를 내주게 되었다. 우리는 과학적 연구와 경험으로 공동체가 지니고 있는 치료적 힘에 대해 이전보다 더 잘 이해하게 되었다.

길타운의 가치를 이어받아 세계 곳곳에서 만들어진 치료 공동체는 많은 사람을 '치료'한다. 하지만 중요한 것은 치료가 아닌 공동체다. 반복해서 얘기하지만 정신질환자는 공동체 안에 소속되어 있을 때 편안함을 느끼고, 이를 통해 아픔에서 회복해 나간다.

이때 공동체는 개인을 구속해서도, 규정해서도 안 된다. 공동체 안의 개인이면서 동시에 자기 안에 공동체를 품을 수 있어야 한다. 나아가 인위적으로 형성된 치료 공동체를 넘어 우리 사회 전체가 일종의 '공동체'가 되어야 한다. 우리는 모두 마음이 아픈 사람을 어떻게 대해야 할지 배워야 한다. 마음이 아픈 사람들을 위해 성급히 무엇인가를 해주려고 할 필요는 없다. 무엇을 해주는 것보다 더 중요한 것은 그 사람들 옆에 함께 머무는 마음이다. 종교가 지니고 있는 한 가지 힘, 즉 영적인 믿음은 사제나 사원 등 물리적인 실체가 아니더라도 환자가 혼자가 아니라는 것을 알려주는 게 아닐까.

"절은 버려지거나 갈 곳 없는 사람 모두에게 열려 있습니다. 우리는 그들이 어째서 그러한 행동을 하는지 모릅니다. 그들의 행동은 다루기가 어렵고 제대로 이해할 수도 없습니다. 우리는 치료하지 않습니다. 배를 곯았기에 밥을 주고 잘 곳이 없기에 잠자리를 마련해줄 뿐입니다. 그들이 더 이상 이곳에서 지내길 원치 않는다면 언제든 떠날 수 있습니다. 우리가 하는 일은 그저 이곳을 열어두고 그들의 옆에 머물 뿐입니다.”

앞서 언급했던 캄보디아의 사찰에 환자를 만나러 간 길이었다. 사찰이 수행하고 있는 돌봄에 대한 생각을 스님에게 묻자, 스님은 미소를 띠며 덤덤하게 자신의 생각을 우리에게 들려주었다. 그들 옆에 머무는 것, 그것이 공동체가 해야 할 일이라는 듯.

# 14 행복 농사를 짓다

## 농장의 설립

나는 2013년 3월부터 충남정신건강센터장으로 부임했다. 충청남도는 농촌의 비중이 큰 지역이라 도시 중심으로 정신보건사업을 진행했던 나에게는 다소 생소한 지역 환경이었다. 설립된 지 얼마 안 된 센터였기에 체계를 갖출 것이 많았다. 중증 정신질환자 재활에 관한, 특히 직업재활에 대한 것이 가장 큰 고민거리였다. 충남에는 몇몇 도시 지역이 있기는 했지만 대다수 지역이 농촌과 어촌으로 구성되어 있어서 정신장애인이 직업훈련을 하고 일자리를 구하기에는 더욱 힘들었다.

당시 나는 수원에서 직접 사회적 기업을 운영하며 정신장애인들이 직업생활에 복귀할 수 있도록 돕는 직업재활

훈련과 다양한 일자리를 창출하기 위해 노력하고 있었다. 그래서인지 센터에서 직업재활을 담당하던 팀장이 나에게 충남은 농촌이 많으니까 농업을 중심으로 정신장애인 직업재활 사업을 해보면 좋을 것 같다고 제안해왔다. 지역사회의 특성인 농업을 살리는 일이기도 했고 정신장애인분들에게 일할 수 있는 기회도 제공하는 당연히 필요한 일이었다.

하지만 취약계층인 장애인 가운데서도 정신장애인 직업재활이 가장 어려웠다. 이런 상황에서 농업은 여러 산업 가운데 가장 수익성이 떨어지고 예측하기도 어려울뿐더러 신체적·정신적으로 고된 일이었다. 또한 농업은 나에게나 직원들에게 생소했다. 정신장애인과 농업, 직업재활을 하기에 제일 어려운 대상자와 가장 어려운 일을 한다는 건 최악의 조합으로 여겨졌기에 팀장의 제안을 거절했다. 그런데 그 팀장이 기어이 일을 저지르고 말았다. 사회복지공동모금회에 사업을 제안해 덜컥 보조금을 받게 된 것이다.

나는 일을 시작하면서 마음속으로 수없이 다짐했다. 전문가가 중심이 되어서는 안 된다. 시골 마을에 전문기관

충남은 농촌이 많으니까 농업을 중심으로 정신장애인
직업재활 사업을 해보면 좋을 것 같았다. 지역사회의 특성인
농업을 살리는 일이기도 했고 정신장애인분들에게
일할 수 있는 기회도 제공하는 당연히 필요한 일이었다.

을 설립하는 형태가 되어서는 안 된다. 단지 농업을 직업 재활의 도구로 삼겠다는 생각이라면 실패할 수밖에 없다. 나는 농촌 공동체에 기반을 둔다면 가능할 수도 있겠다는 생각을 했다. '농촌 마을과 어르신들을 이용해서는 곤란할 것이다. 느리게 가더라도 마을과 함께해야 한다. 그분들도 함께 살아가면서 같이 일하다 보면 아시게 되겠지. 정신질 환을 지닌 분들도 훌륭한 이웃으로 함께 살 수 있다는 것 을.' 이렇게 홍성의 한 마을에서 겁 없이 시작한 '행복농 장'이 이제는 조금씩 틀을 갖춰가고 있다.

## 네덜란드의 돌봄농업

돌봄농업Care Farming은 치유농업, 사회적 농업, 건강을 위 한 농업 등 다양한 용어로 표현되지만 본질적으로 돌봄을 제공하기 위해 농업을 활용하는 것을 의미한다. 농장과 농 촌 경관을 활용해 정신적·신체적·사회적으로 건강을 회 복하기 위한 농업 활동을 의미하는 것이다. 주로 정신질환 자, 지적장애인, 자폐장애인, 치매노인, 중독자 등 의학적 치료나 사회적 서비스가 필요한 사람들에게 농촌 활동을 통한 돌봄을 제공한다.

돌봄농장은 유럽 전역에서 찾아볼 수 있지만 네덜란드는 돌봄농장의 수나 내용 면에서 선두 국가라고 할 수 있다. 네덜란드에 등록된 돌봄농장은 1995년 75개 정도였는데 2015년에는 1,100개가 넘었으며, 연간 이용자는 2만 명에 달한다. 또한 돌봄농장 가운데 80-90퍼센트 이상이 가족농장 형태로 운영되고 있다. 아직 초기 단계이지만 우리나라도 돌봄농장을 운영한다. 농촌진흥청과 농림축산식품부를 중심으로 돌봄농업과 관련된 법률 제정, 자격제도 도입, 연구개발 및 보급 등 사업기반을 확충하기 위해 노력하고 있다.

2016년 나는 유럽의 돌봄농업 모델을 직접 확인하고 한국에 적용하기 위해 네덜란드로 향했다. 첫 번째로 찾은 퀴크레 오스도르Kwekerij Osdorp는 암스테르담Amsterdam 근교에 위치한 농장으로 농작업을 통해 노숙인을 위한 돌봄 서비스를 제공하고 있었다. 그들은 13대의 밴Van을 타고 쉼터나 심지어 노숙하고 있는 거리에서 출근한다. 290명이 주 2일 정도 일평균 80-100분 정도 일한다. 대부분 이용자가 약물중독이나 중증 정신질환을 지니고 있어 직업 활동이 쉽지는 않다.

따라서 이용자는 자신에게 가장 적합하고 잘 할 수 있는 일을 한다. 개인에 맞춘 돌봄을 제공하는 것이다. 이 농장의 주요한 처방 내역은 편안한 녹색 공간에서 수행하는 자신에게 적합한 일과 쉼 그리고 맛있는 점심식사다.

### 후퍼 클라인 마리엔달 농장

네덜란드 동부지역 아른헴Arnhem에 위치한 후퍼 클라인 마리엔달Hoeve Klein Mariendaal 농장은 이번 전체 일정을 계획하고 조율해준 와게닝겐 대학Wageningen University 교수인 얀 하싱크Jan Hassink가 직접 운영하는 농장이다. 숲으로 둘러싸인 농장의 전경이 정말 아름다웠다. 그는 연구자로서 15년 전부터 돌봄농업을 연구했고 10년 전부터 농장을 직접 운영하고 있었다. 이후 여러 후원을 통해 지금의 위치에 건물도 지었고 토지 임대도 조금씩 늘려 나갔다고 한다.

일평균 25명 정도의 대상자가 농장을 이용하고 지적장애, 학습장애, 치매 노인 등 다양한 그룹을 대상으로 돌봄서비스를 제공한다. 바로 옆에 특수학교가 있어 연계 프로그램도 진행하고 있었다. 치매 노인을 위한 주간보호 프로그램도 진행하고 있었다.

　대부분 과거에 농부로 살았기 때문에 이들에게 농업은 가장 익숙하고 편안하며 즐거운 일이었다. 서서히 자신을 잃게 되는 치매 노인에게 과거 익숙하게 하던 일은 치료적으로 활용될 수 있다. 농업의 돌봄 기능이 농부였던 치매 노인에게는 아주 중요한 것이다. 후퍼 클라인 마리엔달 농장은 다양한 대상자의 다양한 욕구에 맞춰 다양한 농작업을 통한 돌봄 서비스를 제공했다. 그리고 직원, 자원봉사자, 대상자 서로가 인간적인 관계를 맺고 작물이나 동물을 돌보는 공동의 목표를 통해 입장의 동일함을 강조하고 있었다. 얀하싱크에게서 돌봄농장의 가치와 철학을 배울 수 있는 너무나 값진 경험이었다.

### 파라다이스 농장

　세 번째로 방문한 파라다이스 농장Boerderij t'Paradijs은 일평균 25명 정도의 자폐아동, 성인 정신질환자 그리고 치매 노인을 위한 서비스를 제공하고 있었다. 농장에서는 유기농 방식으로 닭, 돼지, 소 등을 사육하고 그 외에도 다양한 채소와 과일을 재배했다. 이는 농장 내 상점에서 판매되었다.

프로그램은 참여자가 다른 사람과 어울리며 즐길 수 있
도록 작업 중심이 아닌 대상자 중심으로 구성되어 있었다.
그들이 충분히 쉴 수 있는 공간을 마련하고 누구나 편안
하게 작업에 참여할 수 있도록 한 세심한 배려가 돋보였
다. 이처럼 농장 곳곳에서 마주하는 대상자 중심의 프로그
램 설계와 진행은 돌봄농장의 필수적인 부분임을 다시 배
웠다.

10년 전 인턴 과정을 거쳐 직원으로 일하고 있는 프랭
크는 농장에 대해 우리에게 하나라도 더 설명해주고 싶어
했다. 우리를 농장 이곳저곳으로 끌고 다니며, 자신의 경
험과 생각을 빠짐없이 들려주었다. 자신의 일에 대한 열정
과 자부심은 우리 일행에게 신선한 감동을 선사했다. 그는
돌봄농장에서 일하는 순간이 날마다 파티 같다고 했다. 자
신도 시간이 지나면 작은 돌봄농장을 운영하고 싶다는 바
람도 들려주었다.

### 더 호흐 본 농장

처음에는 아른헴에 있는 더 호흐 본 농장De Hoge Born을

단순히 병원 안에 있는 돌봄농장이라고 생각했다. 여러 지역에서 의뢰된 80명 정도의 환자가 최대 7주까지 개방병동에 머물며 정신과 면담 및 여러 치료 프로그램에 참여하고, 돌봄농장 프로그램에도 참여할 수 있었다. 또한 장애나 정신질환이 있는 사람은 주 2회 정도, 한국으로 말하면 낮병원 프로그램에도 참여가 가능했다. 여러 문제로 2년 이상 직업을 갖지 못한 사람들을 위한 일자리 제공 프로그램도 갖추고 있었다.

나는 네덜란드에서 자연에서의 활동, 특히 농작업이 철저히 치료적 행위임을 깨달았다. 병원 안에 농장이 있는 것이 아니라 농장 안에 병원이 있었다. 농장이 곧 병원이었던 것이다. 네덜란드의 돌봄농장을 둘러보면서 자연의 품 안에서는 모두가 동등하다는 것을 느꼈다.


## 캄보디아의 망고농장

정신병원도 없는 캄보디아에서 유럽의 어느 돌봄농장과 비교해도 손색이 없을 망고농장을 만났다. 이곳은 단순히 돌봄농장이 아니라 하나의 건강한 공동체였다.

세계적으로 정신병원이 만들어진 지 그리 오래되지 않았다. 그렇다고 과거에 중증 정신질환자가 없었던 것도 아니다. 개인이 돌보거나 가족이 책임지거나 공동체가 품었다. 과거 우리 사회처럼 캄보디아는 정신질환자를 가족이나 공동체가 돌본다. 망고농장은 버려진 사람들이 함께 농사짓고 생활하며 살아가는 공간이다.

망고농장은 캄퐁치낭시에서 서쪽으로 30분 거리에 있었다. 어느 날 정신질환을 앓고 있던 한 여자가 임신한 배를 부여잡고 시장에서 쓰레기를 뒤지며 전전하고 있는 걸 목격한 헹 사모가 이 모습에 차마 눈길을 돌릴 수 없어 그를 데려왔고, 망고농장은 그렇게 시작되었다. 말 대신 초롱초롱한 눈으로 우리를 맞이하는 남자아이는 이곳에서 나고 자랐다. 망고농장에 살고 계신 분들은 대개 조현병, 지적장애, 뇌전증 등을 지니고 있었다.

그들에게 작은 도움이라도 주고 싶어 진료를 시작했지만 그것이 전부는 아니었다. 나는 이곳에서 과거 우리 사회에 존재했던 공동체적인 모습과 앞으로 만들어가야 할 돌봄의 철학을 목격했다. 나는 이곳이 본래의 가치를 잃지 않으면서 좀더 체계적인 모형으로 발전했으면 했다. 하지만 서

두르지 않아야 한다고 다짐한다. 자생적으로 자라나고 있는 무언가를 해쳐서는 안 되기에 조심스럽게 천천히 다가가고 있다. 농장이 생산성을 갖춰 자립할 수 있어야 하고, 거주자들은 이곳에 머물기만 하는 것이 아니라 다시 사회로 돌아갈 수 있어야 한다. 가족이 있다면 가족에게 가야 할 것이며 그것이 어렵다면 자립할 수 있어야 한다.

이곳이 정교한 모델을 갖추고 있는 건 아니다. 선진국의 모델에 비교하면 어떤 것도 정립되지 않았고 목적도 불확실하며 방향성도 희미하다. 하지만 망고농장은 유럽의 돌봄농장이 지닌 어떤 가치보다 내게 깊숙이 다가왔다. 이곳에는 생생한 공동체가 살아 있고 공동체를 통해 온전한 자신을 찾을 수 있는 가능성이 무궁무진했다. 그들은 농장에서 닭과 오리 등의 가축을 키우고 채소를 재배한다. 함께 일하고 밥을 지어먹고 잠든다. 누가 어디에서 왔든 무슨 문제가 있든 이곳에 들어오는 순간부터 가족이 된다. 내가 못하는 것은 다른 사람이 하고 모르는 것은 천천히 배우면서 서로가 서로를 돕는다.

이렇게 돌봄의 기술을 배우다 보면 결국 스스로를 돌볼 수 있게 된다. 농업과 농장을 배경으로 함께 살아가는 모습, 망고농장은 어쩌면 내가 꿈꿔왔던 원초적인 모습의 공동체다. 지금은 희미해져버린, 우리 안에서 서로를, 또한 자신을 돌보고자 하는 마음이 자연스럽게 치유로 향하는 진정한 공동체 말이다.

## 홍성군 행복농장

나는 2014년 초 충남 홍성군 장곡면에 660제곱미터약 200평짜리 비닐하우스 두 동을 임대해 농촌형 직업재활 사업을 시작했다. 처음에는 부추를 재배했는데 마을 이장님과 주민들 그리고 충남정신건강센터 직원들의 도움을 많이 받았다. 하지만 우리는 농업에 대한 지식이 부족했고 제대로 된 농사를 했던 경험이 없었다. 프로그램에 참여했던 정신장애인분들 또한 농업에 대한 이해와 경험이 없었다. 시간이 흐를수록 직원들은 근무 외적으로 농사일을 돕는 것에 피로감을 느꼈고 불만도 조금씩 쌓였다. 예상대로 정신장애인의 직업재활 사업은 만만치 않았다.

2014년 7월 지역의 원예조합에서 일하던 루시 선생님이 농장 운영의 전반을 책임지고 돕기 위해 행복농장에 참여했다. 2015년부터는 본격적인 농사가 시작되었고 '자연구시' 프로그램을 거쳐 정신장애인분들을 직원으로 채용하며 함께하게 되었다. 우여곡절이 참 많았지만 지금도 행복농장은 정신장애인분들과 함께 지역사회 속에서 운영되고 있다.

자연구시 프로그램은 정약용 선생의 실사구시에서 이름을 딴 농부학교 프로그램이다. 농업을 중심으로 정신장애인들이 지역사회 속에서 직업을 가지고 살아갈 수 있도록 지원하는 것이 목적이다. 과정은 일일체험, 기초과정, 심화과정, 인턴 등으로 나뉘어있고 정신재활시설과 정신건강센터 회원이 참가 대상이다. 2014년 가을에 처음 시작해 매년 진행하고 있으며, 이중 인턴까지 거친 정신장애인두 분은 현재 행복농장 직원으로 일하고 있다.

그중 한 분이 김화천 님이다. 김화천 님은 2014년 처음 자연구시 프로그램 기초과정에 참여했고, 이후 심화과정과 인턴을 차례차례 밟아 나가 채용까지 하게 되었다. 그는 결혼 후 20대에 조현병이 발병해 가족들과 멀어져 정신요양원에서 오랜 세월을 살았지만 행복농장을 만나 취업을 하고 자립했다.

15년을 정신요양원에서 생활한 사람이 독립생활에 적응하기는 어려운 일이다. 처음에는 생활 관리가 잘 되지 않고 약물을 복용하지 않아 증상이 심해져 한동안 입원을 하기도 했다. 일을 제대로 이어나갈 수 없어 농장 운영에 큰 부담이 되기도 했다. 정해진 규칙이 있는 환경에서 살던 김화천 님이 두 발로 일어서기 위해서는 여러 사람의 도움이 필요했다. 루시 선생님은 농장 일에 더해 그를 돕는 일도 해야 했고, 그가 출근하지 못한 날이면 그의 빈자리도 메워야 했다.

루시 선생님은 내게 이렇게 말하기도 했다.

"화천 언니는 요즘도 가끔 결근한다. 하지만 내가 언니 없으면 일하기 어렵다고 하면, 화천 언니도 혼자서 힘들었겠다고 하며 미안해한다. 이제는 서로 이해하는 동료가 되었다."

루시 선생님의 말처럼 두 사람은 단순히 한쪽이 도움을 주고 도움을 받는 관계가 아니다. 두 사람은 동료로서 함께한다. 행복농장이라는 직장, 농사라는 일 그리고 직장동료와 지역사회라는 관계로 얽혀 있다. 이것이 정신장애인

자연구시 프로그램은 정약용 선생의 실사구시에서
이름을 딴 농부학교 프로그램이다.
농업을 중심으로 정신장애인들이 지역사회 속에서
직업을 가지고 살아갈 수 있도록 지원하는 것이 목적이다.
과정은 일일체험, 기초과정, 심화과정, 인턴 등으로 나뉘어있고
정신재활시설과 정신건강센터 회원이 참가 대상이다.

이 주체성을 갖고 지역의 일원으로 사회에서 함께 살아갈 수 있게 하는 힘이다. 자신만의 영역에서 독립된 생활을 하고 직업을 통해 자신이 할 수 있는 일을 할 때 인간은 스스로 일어서서 자기 삶의 주체가 되어 살아갈 수 있다. 김화천 님은 말한다.

"내가 직장을 놓지 않는 첫 번째 이유는 바람을 쐬서 좋고, 두 번째는 월급을 받아서 좋기 때문입니다. 우리 환자들은 갇혀 있다는 생각을 많이 합니다. 저는 자연을 사랑하고 농업을 사랑하고 자유를 만끽할 수 있는 기회를 사랑합니다. 농사일은 편안한 마음과 돈을 벌어 독립할 수 있다는 희망을 품게 하고 보다 큰 꿈을 꾸게 해줍니다. 내가 환자라는 생각보다 무언가를 할 수 있는 사람이구나 생각하게 합니다."

나는 행복농장의 이사장이다. 하지만 감히 이곳의 이사장이라고 말하기를 부끄러워한다. 이런 직함을 맡고 있는 게 힘들어 그만두겠다는 생각을 많이 했고 어렵사리 얘기도 꺼내 봤다. 하지만 사람들은 내가 필요하다며 몇 번이나 만류했고 그때마다 난 내 주장을 접어야 했다. 이곳에서 내 역할은 뭘까 수없이 고민해봤지만 내가 뭘 할 수 있을지 잘 모르겠다. 제 역할을 하지 못하고 기여할 수 없는 자리에 이름만 걸어놓지 말자는 것이 내 원칙이다. 누군가 내 일을 대신할 수 있으면 내려놓자는 것도 내 원칙이다. 하지만 이런 원칙들을 실천하지 못하는 곳이 행복농장이고 그래서 고민이다.

최근 돌봄농업이나 사회적 농업이 화두로 떠오르고 있다. 지자체마다 앞다퉈 돌봄농업 관련 정책들을 쏟아낸다. 침체된 농촌경제를 조금이나마 구원할 수 있을 거라고 생각하는 것 같다. 그렇지만 진정 농촌과 농부 그리고 소외된 사람들을 위해 돌봄농업 및 사회적 농업을 활성화하려는 것일까. 아니면 단지 농촌을 이용하려는 것일까. 대통령의 공약사업을 실현하기 위한 공무원의 공명심은 아닐지, 그렇기 때문에 궁여지책으로 추진하는 것은 아닌지 우려된다. 공무원이나 전문가라는 사람들에게 묻고 싶다. 나 또한 행복농장을 통해 농촌이나 농부를 그저 활용하고 있는 것은 아닌지 반성해본다.

유럽에서 돌봄농업이 유행하자 서둘러 법을 만들었고 관련 부처도 서둘러서 사업을 진행했다. 관련 부처 간 무엇 하나 상의되지 않은 상태였다. 제대로 된 돌봄농업이 되기 위해서는 농업과 보건복지를 담당하는 정부 기관이 함께 협력해서 준비했어야 한다. 단순히 농촌을 배경 삼아 복지사업을 하는 게 돌봄농업이 아니다. 농부들은 보건과 복지를 전혀 모르고, 반대로 보건복지 전문가는 농업을 전혀 모른다. 부처 간 협력은 이뤄지지 않고 오히려 농업과 보건복지 둘 다 피해를 보고 있다.

현재 돌봄 역할로 농장 수익에는 지장이 생기고, 돌봄 기능의 전문성은 떨어진다. 돌봄농업이나 사회적 농업을 활성화하려는 전문가나 공무원은 농촌 공동체 안에 내재되어 있는 돌봄의 기능을 되살리는 것, 돌봄 자체를 녹화하는 것을 도와야 한다. 농촌이라는 공간에 요양시설을 건축하는 것은 그저 농촌을 배경으로 삼는 것일 수 있다.

행복농장에서 내 역할이 있을까. 있다면 그 역할은 무엇일까. 이곳 홍성의 작은 마을에는 딤프나와 같은 성인의 뼛조각과 교회는 없다. 캄보디아의 예에서 보듯 시골 마을에 버려진 사람에게 시선을 거둘 수 없어 한 켠에 거처를 내주는 분도 없다. 하지만 함께 행복농장을 일구는 수많은 사람이 있다.

나는 일을 시작하면서 마음속으로 수없이 다짐했다.
전문가가 중심이 되어서는 안 된다. 시골 마을에 전문기관을
설립하는 형태가 되어서는 안 된다. 농촌 마을과 함께
해야 한다. 함께 살아가면서 같이 일하다 보면
정신질환이 있는 사람들도 훌륭한 이웃이 될 수
있다는 것을 알게 되겠지. 이렇게 홍성의 한 마을에서 시작한
'행복농장'이 이제는 조금씩 틀을 갖춰가고 있다.

10년 후 행복농장은 어떤 모습일까 상상해본다. 그쯤에는 정신장애인이나 지적장애인만 있는 게 아니라 지역사회와 어우러져 서로를 돌보며, 지역의 주민으로서 함께 살아가는 모습이 되길 바란다. 마음이 많이 아픈 사람들이 농사지으며 마을 어르신들과 함께 살아가는 그런 공동체가 되길 꿈꾼다.

# 15 더불어 살아가는 '우리동네'를 꿈꾸다

## 사회적 기업 '우리동네'의 시작

내 마음속에 사회적 기업 '우리동네'라는 꿈을 싹트게 한 슬픈 기억이 세 가지 있다. 첫 번째는 중학교 때의 기억이다. 나는 당시 수련회에 갔다가 우연히 차가운 쇠사슬에 묶여 외딴 공간에 갇혀 있는 중년 여성을 만났다. 그분이 묶인 이유는 단순히 미쳤기 때문이었다. 단지 미쳤기에 세상과 격리되어 한 평 남짓한 공간 속에서 살고 있었던 것이다.

두 번째 기억은 의과대학 당시 정신과 실습을 할 때였다. 기대가 컸던 실습이었지만 마냥 좋지는 않았다. 이전에는 몰랐던 정신과 치료가 지닌 한계를 직접 느꼈다. 환자들은 그들의 자리를 잃고 좁은 병동 안이 세상의 전부인 듯 살았다. 약물 치료 외에는 그들에게 해줄 수 있는 게 별로 없었다.

세 번째 기억은 정신과 수련의 과정 때였다. 수련을 하며 간호팀과 함께 폐쇄병동을 조금 더 나은 치료적 환경으로 바꾸려고 시도했고 개방병동을 열어 재활 프로그램을 운영하기도 했다. 의욕이 넘쳤고 병원을 바꿀 수 있다는 사실에 행복하기도 했다. 환자들이 점차 나아지는 것을 보면서 이들도 충분히 지역사회에서 살아갈 수 있다는 희망을 발견했다. 하지만 수련의였던 내가 할 수 있는 건 한계가 있었고 병원 밖 사회도 쉽사리 바뀌지 않았다. 환자들이 병원 밖으로 나오는 것을 세상은 허락하지 않았고, 그들은 점차 병원 안에서 만성화되었다.

수련의 당시 정신과 학회에서 이영문 교수를 만났다. 그는 강의에서 정신과 환자들과 편의점을 운영할 거라고 말했다. 편의점은 망할 것이지만 자신들은 그럴 수밖에 없는 사회적 구조의 현실을 보여주겠다고 했다. 실패하더라도 시도와 과정 그리고 그 실패한 결과 자체가 값진 일이라고 했다. 그는 중증 정신질환자가 사회 속에서 살아가기 위해서는 지역사회가 중심이 되어야 하고, 이를 위해서는 지역을 바꾸어야 한다고 강조했다.

그가 멋있었다. 아니 그에게 반했다. 나도 그런 일을 해보고 싶었다. 중증 정신질환을 지닌 분들도 사회에서 함께 더불어 살아갈 수 있는 세상을 만들고 싶었다. 정신과 전공의 수련을 마치고 그에게 배우자는 생각으로 무작정 수원으로 올라왔다. 지역사회 중심의 정신보건체계를 배우기 위해 아주대학교병원에서 진료하며 수원시 정신건강센터에서도 일했다. 진료실에서 또 지역 현장에서 조현병 등 중증 정신질환을 앓고 있는 많은 분을 만났다.

어떻게 하면 이들이 병을 딛고 일어서서 병원이나 시설이 아닌 자신들이 나고 자란 곳, 자신들의 자리와 공간에서 잘 살아가게 도울 수 있을까 많이 고민했다. 반복되는 정신과 입원을 멈추고 한 명의 시민으로서 건강하게 살아가기 위해서는 약물 치료 외에 다른 무엇이 필요할까 많이 생각했다.

나는 혼자서 고민하지 않고 당사자의 목소리를 직접 듣기 위해 회복과정에 있는 분들에게 물었다. "당신이 지역에서 잘 살아가기 위해서는 무엇이 제일 필요한가요?" 거의 대부분 당사자가 입을 모아 첫째는 살아갈 공간이 필요하고 둘째는 일할 공간인 직업이 필요하다고 답했다. 일을 하고 싶다는 말을 당사자분들에게 너무 많이 들었지만 정신장애인을 고용하는 곳은 별로 없었다. 어렵게 취직을 하더라도 직업을 유지하는 또 다른 어려움이 남아 있지만 애초에 일을 시작할 수도 없었다.

사람들은 왜 정신장애인을 고용하길 꺼려할까. 그들이 막상 직업을 구해도 왜 유지하기가 어려울까. 나는 수없이 질문했다. 그리고 내가 내린 결론은 '직접 한번 해보자'였다. 고민만으로는 알 수 없었다. 직접 해보지 않고 뭐가 문제인지 어떻게 알 수 있겠는가. 직접 부딪치며 그 어려움은 무엇인지 정신건강전문가로서 알고 싶었다. 정신건강전문가로서 언제까지나 국가 탓, 사회 탓, 남 탓만 하고 있을 수는 없었다. 한번 일을 저질러보자고 생각했다.

머릿속에 이런 생각이 떠오르자 즉각적으로 행동에 옮겼다. 때로는 비이성적인 태도의 힘을 빌려야 할 때도 있다는 듯 머리보다 가슴이 먼저 움직였다. 함께 고민하던 사람들과 힘을 합쳐 사회적 기업 '우리동네'를 만들었다. 같이 일하고 함께 나누며 더불어 살아가는 희망 공동체를 만들자는 뜻에 많은 분이 마음을 모았다. 그 당시 나 자신

을 세뇌시킬 정도로 수없이 내 마음속에서 되뇌었던 말이
있다.

'때로는 비이성적인 사람의 힘이 필요할 때가 있다.'
'머리보다는 가슴이 먼저 움직인다.'
'우리가 걸어가면 길이 된다.'


 '우리동네'라는 이름은 내가 먼저 제안했다. 남들은 촌
스럽다며 반대했지만 내가 우겨서 결국 주식회사 '우리동
네'가 되었다. 이 일을 하기로 결정한 뒤 머릿속에 '우리동
네'라는 이미지가 떠나질 않았다.
 지역사회 정신의학을 전공하고 지역사회에서 일하면서
늘 '지역사회'라는 게 무엇일까 고민했다. 나고 자란 곳에
서 치료받고 일하고 사람들과 어울려 살아가는 공간, 이러
한 공동체가 구현된 곳이 '우리동네'라고 생각했다. 지역
사회는 결국 '우리동네'가 아니겠는가. 중증 정신질환자가
지역사회에서 어우러져 살기를 바라는 마음이 담긴 이름
이었다. 그렇게 사회적 기업은 '우리동네'가 되었다.

## 정찰병

나는 그리 이성적인 사람이 아니다. 내가 이성적이었다면 '우리동네'도 시작하지 못했을 것이다. '우리동네'를 시작하기 위해 여러 사람의 힘을 빌렸다. 다행히 나는 사람들을 잘 설득했기에 많은 지지를 받을 수 있었다. 나 자신에게도 용기를 주었다. 그렇게 비이성적으로 우리의 일은 시작되었다. 그렇다. 나는 그 당시 확실히 '제정신'이 아니었다. 사회적 기업에 온전히 빠져 있었다. 주변에서 만류할 정도였다.

편의점을 시작으로 슈퍼마켓, 커피집, 세탁 공장, 운동화 빨래방 등을 열어 정신장애인분들과 함께 일했다. 처음에는 값비싼 수업료를 치르더라도 정신장애인 직업재활에 대한 공부를 해보자는 단순한 생각이었다. 이익을 남기거나 투자금을 회수하고 싶은 마음은 없었다. 수익은 없어도 되니까 투자금 이외에 다른 비용이 들어가지 않기만을 바랐다.

사회적 기업에 대해 나름대로 준비를 했지만 세상 물정을 너무 모르고 수수하게 시작했는지도 모르겠다. 정신장애인 직업재활과 사회적 기업에 대해 의과대학에 다닐 때보다 더 열심히 공부했다. 관련된 사람도 많이 만났다. 그렇게 나름 열성적인 마음으로 준비를 많이 했지만 현실은 쉽지 않았다.

장사는 말 그대로 처참했다. 그저 정신장애인분들에게 일자리를 주고 싶다는 좋은 마음뿐이었을까. 나의 간절함이 부족했을까. 돈 버는 것이 이렇게 어려운 줄은 미처 몰랐다. 마치 진흙탕 속에서 흰옷을 입고 옷을 더럽히지 않기 위해 애쓰는 모습이었다.

나 자신이 우스웠다. 고결한 척했지만 사기를 당하기도 했고 일을 할수록 사람들에 대한 실망감도 커졌다. 장사는 처절한 현장이었다. 예쁘지도 아름답지도 않았다. 겉보기에 직업재활은 대단해 보였지만 막상 현실은 너무 달랐다. 경험이 없던 나에게는 너무 힘든 일이었다.

나는 정찰병이 되자는 생각으로 버텼다. 임무를 마친 후에 추락할 것도 알았다. 그렇지만 미지의 영역을 최대한 많이 보여주는 게 정찰병인 나의 임무였다. 망할지라도 이 길이 어떤 길인지 남들에게 최대한 보여줘야 했다. 어떤 게 힘들고 실패하지 않으려면 무엇이 필요한지 알아야 했다. 나는 추락하겠지만 남들은 더 멀리 전진하기를 바랐다.

당시 미국 드라마 「그레이 아나토미」Grey's Anatomy의 주인공 메레디스 그레이의 독백 대사는 내게 큰 위로가 되었다.

"우리 스스로 실수를 해야만 한다. 우리 스스로를 통해서 교훈을 배워야 한다. 아는 것이 궁금해하는 것보다 낫다는 것을 알 때, 깨어나는 것이 자는 것보다 낫다는 것을 알 때, 그리고 가장 큰 실패일지라도 최악이자 다루기 힘든 실수일지라도 시도해보지 않는 것보다 언제나 낫다."

나는 좋은 실패를 하고 싶었다.

본격적으로 사업을 시작하기 전에 내 머릿속에는 늘 일 생각뿐이었다. 정신장애인분들의 일자리를 만들기 위해 어떤 일이 좋을까 구인구직 신문을 달달 외울 정도로 읽었다. 일부러 걸어다녔고 늘 상상에 잠겨 상가를 살펴보았다. 정신장애인이 이곳에서 일하며 어떨까, 그러면 나는 어떤 역할을 할 수 있을까.

정신건강센터의 회원들에게 무슨 일을 하고 싶은지 물어보니 단순하고 매뉴얼화 되어 있는 일을 하고 싶다는 대답이 많았다. 편의점을 제안했더니 호의적인 반응이 돌아왔다. 편의점은 주변에 많이 있고 익숙하기도 하니까 해보고 싶은 마음이었던 것 같다. 게다가 편의점은 체계적인 매뉴얼을 만들기에도 용이했고 소통이 가능한 좁은 공간이라는 장점도 있었다. 또한 '우리동네'에는 당연히 편의점 정도는 하나 있어야 한다는 생각도 했다.

2007년 9월 1일 편의점이 처음으로 문을 열었다. 큰 돈을 벌지는 못했지만 나중에는 2개 매장을 추가로 더 운영하기도 했다. 몇 년 후 편의점이 있던 건물의 주인이 바뀌고 본인이 직접 운영하겠다고 해서 사업을 접어야 했다.

'우리동네'를 시작하기 전에 정신건강센터에 등록된 당사자 회원 두 분을 모시고 식사를 대접했다. 사회적 기업을 통해서 하고자 하는 일을 설명하고 함께 해보지 않겠느냐고 제안을 드렸다. 두 분은 내 말을 듣고서 흔쾌히 사회적 기업에 동참하기로 했다. 이후 한 분은 건강상의 이유로 그만두셨지만, 다른 한 분은 '우리동네'의 시작부터 현재까지 10년이 넘는 시간을 함께하고 있다. 이제는 '우리동네'의 대표이사로 일하고 계신 이영준 대표님이다.

이영준 대표님은 내가 수원시 정신건강센터에서 센터장으로 일할 때 처음 만났다. 그는 당시 하던 일이 잘 풀리지 않아 우울감이 심해졌고 아내와 이혼 후 외부와의 교류를 차단한 채 오랜 시간 집에서 칩거하고 있었다. 여러차례 정신병원에 입원했고 그 과정에서 우여곡절도 많았다. 그렇지만 정신건강센터에 다니면서 꾸준히 치료받았고 점차 안정되었다. 그렇게 '우리동네'에서 함께 일하게 되었다.

2008년 11월 운동화 빨래방과 세탁 공장을 개업했다. 이영준 대표님이 당시 점장이었는데 일을 마무리하기 위해 일터에서 새벽까지 일하기도 했다. 원래 성격이 꼼꼼하고 책임감이 강해서 맡은 일에 너무나 열정적으로 임했다. 강박적인 면도 있어 계속 확인하고 정리하면서 모든걸 쏟아 전력투구했다. 일에 치여 일상은 뒷전이고 생활은 무너져 2-3시간만 잠을 자기 일쑤였다. 보다 못해 앞으로 12시가 넘어서까지 일하면 운동화 빨래방의 문을 닫겠다고 협박해야 할 정도였다. 이렇게 점장님을 포함한 직원

운동화 빨래방과 세탁 공장은 점점 운영이 어려워졌다.
결국 쌓여가는 적자로 문을 닫아야 했다.
두 곳은 단순작업의 비중이 크고 분업화가 가능하다는 장점으로
시작한 사업이었지만, 인건비의 비중이 컸고 시장에서 경쟁력을
갖추기가 힘들었다.

모두가 헌신하고 몸이 부서져라 고생했지만 운동화 빨래방과 세탁 공장은 점점 운영이 어려워졌다. 결국 쌓여가는 적자로 문을 닫아야 했다.

두 곳은 단순작업의 비중이 크고 분업화가 가능하다는 장점으로 시작한 사업이었지만, 인건비의 비중이 컸고 시장에서 경쟁력을 갖추기가 힘들었다. 정신장애인 직원들이 익숙하게 일을 하기 위한 훈련에도 많은 시간이 필요했다. 이를 위해 사회복지사는 물론 세탁 기술 전문가도 필요했다.

### '우리동네커피집'

정신장애인에게 단순히 직장이 아닌 소통의 장이 필요하다는 생각이 들었다. 사람들이 많이 모이는 카페는 무엇보다 좋은 장소였다. 개인적으로는 커피를 마시지 않지만 서로 교류하고 특정한 문화를 만들어가는 공간이라는 점에서 카페가 매력적으로 느껴졌다.

본격적으로 카페를 시작하기 전 1년 넘게 준비를 했다. 많은 가게를 돌아다니며 운영 기술을 배우고 인테리어에 대한 아이디어를 얻었으며 공정무역에 대해 공부하기도 했다. 직원들은 커피 로스팅과 핸드드립 기술을 배웠다. 그렇게 2008년 12월 '우리동네커피집' 1호점을 개업했다.

오랜 준비 끝에 시작된 '우리동네커피집'은 최초로 성공한 사업이자 가장 성공적인 사업이었다. 카페는 사회적 기업이 아닌 일반 기업처럼 접근했다. 정신장애인이 직원이라는 점을 내세우지 않았다. 한국에 카페가 본격적으로 활성화되기 전이었고 진입하기에 충분히 차별화된 요소도 있었다.

얼마 지나지 않아 수원 곳곳에 열 개가 넘는 '우리동네커피집'이 생겼다. 프랜차이즈 형태였지만 일반적인 프랜차이즈와 다르게 가맹점 수수료가 없었고 사실 특별한 계약 형태도 없었다. 가장 중요한 건 '우리동네'가 추구하는 철학에 동의하고 함께하는 것이었다. 계약 조건이라면 전 직원은 아니더라도 가급적 정신장애인을 비롯한 사회적 취약계층을 고용할 것, '우리동네' 본점에서 원두를 납품받을 것이 계약의 전부였다. 이조차도 강제가 아니라 권유사항이었다.

정신장애인이 일할 수 있는 자리가 늘어나 자연스럽게

얼마 지나지 않아 수원 곳곳에 열 개가 넘는
'우리동네커피집'이 생겼다.
프랜차이즈 형태였지만 일반적인 프랜차이즈와 다르게
가맹점 수수료가 없었고 사실 특별한 계약 형태도 없었다.
가장 중요한 건 '우리동네'가 추구하는 철학에
동의하고 함께하는 것이었다.
계약 조건이라면 전 직원은 아니더라도 가급적 정신장애인을 비롯한
사회적 취약계층을 고용할 것, '우리동네' 본점에서 원두를
납품받을 것이 계약의 전부였다.

대중과 접촉할 수 있게 되면 사회가 정신장애인에 대한 잘못된 편견도 사라질 것이라고 생각했다. 결코 정신장애인을 앞세워 '불쌍한 사람들 좀 도와주십시오'라는 식으로 요란하게 알리고 싶지 않았다. 동정이나 비참함보다는 희망이 사람을 움직인다고 믿었다. 묵묵히 제자리에서 할 일을 하며 자연스럽게 세상에 녹아들길 바랐다.

나는 여러 사업을 했고 많은 정신장애인과 함께 일했다. 그분들 중에는 힘들어서 견디지 못하고 그만두거나 적응에 어려움을 겪는 사람도 많았다. 물론 이들이 약을 먹기 때문에 부작용이 있거나 증상으로 소통이 어려울 수도 있다. 하지만 이들에게는 일할 기회 자체가 거의 없었기에 일을 배우는 데 시간이 걸렸고 무엇보다 세상이 낯설었다. 시골에 살던 사람이 난생처음 도시에 왔을 때 낯설어서 경직되고 위축되는 것처럼.

이들도 마찬가지다. 이들이 일을 익히고 사회에 적응하기 위해서는 충분한 시간이 필요하다. 쉽지 않겠지만 믿고 기다려줘야 한다. 천천히 그리고 반복적으로 일을 배우면 된다.

물론 취직이 인생의 목표가 아니기에 취직이 끝이 되어서는 안 된다. 하고 있는 일을 통해 얼마만큼 자아실현을 할 수 있느냐, 직장이 그들에게 어떤 비전을 제시해주느냐 하는 것이 중요하다. '우리동네'가 하는 일이 정신장애인 재활을 넘어서 한 사람이 사회구성원으로 자리 잡기 위한 과정이 되길 바랐다. 앞서 소개한 이영준 선생님과는 '우리동네'의 시작부터 함께했다. 운동화 빨래방, 세탁 공장을 거쳐 '우리동네커피집'에서도 점장으로 일하셨다. 이 호칭이 굳어져 대표님이 된 지금도 점장님이라는 호칭을 계속 쓰게 된다. 그만큼 '우리동네커피집'은 이영준 대표님과 나에게 의미가 각별하다.

이영준 대표님을 처음 만난 자리에서 나는 '우리동네'를 잘 이끌어달라고 부탁했다. 자신이 아팠던 경험으로 다른 사람을 보듬어주는 치료자도 되었으면 좋겠다고 말했다. 나의 부탁대로 그는 '우리동네'의 대표가 되었고 늦은 나이에 시작한 공부를 잘 마치고 지금은 사회복지사가 되었다. 내가 운영하는 병원에서 비슷한 아픔을 겪고 있는 사람들을 치료하고 있다.

'우리동네'를 하면서 참 많은 일을 겪었고 사람들의 오해에 시달려 힘들기도 했다. 가장 흔한 주변의 시선은 의사가 정신장애인을 이용해 돈벌이를 하고 있다는 비난의 눈길이었다. 편의점을 운영할 당시 직원들을 돕기 위해 처가의 도움을 받아 편의점 옆으로 이사했다. 당시 집사람이 만삭의 몸으로 직원들의 식사나 먹을거리를 가져다주고 잔돈도 바꿔다 주는 등 이런저런 일을 많이 도와주고 있었다.

나는 사람들에게 정신장애인을 채용해서 돈을 벌어 집까지 샀다는 오해를 받았다. 병원에 환자를 유인하려고 사회적 기업을 한다는 의심과 비난도 많이 받았다.

외부 사람만이 우리를 힘들게 한 것은 아니었다. 오랫동안 근무하기 힘든 직원들의 특성상 여러 명을 투입해 가게를 운영해야 했다. 근무표를 잘 짜는 일이 중요했다. 근무표를 짤 때가 되면 부모들이 담당 직원에게 전화해 자기 자녀를 근무하기 좋은 시간에 넣어달라는 요청을 했다. 직원이 이를 거부하면 시도 때도 없이 나에게 전화해 근무 시간을 바꿔달라고 요구했다. 들어줄 수 없는 부탁을 거절하는 게 곤란했지만 부모가 협박조로 얘기할 때면 화가 나기도 했다.

정신장애인 직원들은 또 어떤가. 일을 하다가 잘못하면 장애인이니까 이해해달라고 하다가도 실수를 지적하면 정신장애인이라고 무시하냐고 목소리를 높였다. 직원 간의 갈등이 생기면 서로의 입장을 듣고 중재하고 회의를 하느라 정신이 없었다. 하루에도 많은 일이 벌어졌고 병원에서 돈을 버는 것보다 더 많은 에너지를 쏟아야 했다.

그래도 이런 일은 사소했다. 오히려 정신장애인이라는 이유로 사람들에게 받는 차별은 더욱 견디기가 힘들었다. 가게를 운영하다 보면 손님과 갈등이 생기기도 한다. 그런데 명백히 손님이 잘못을 했어도 직원이 정신장애인임을 알게 되면 역시나 하는 반응을 보인다. 이를 빌미로 우리 쪽에 문제를 제기해 더 큰 잘못을 뒤집어쓰게 되는 경우도 많았다. 방송이나 신문 그리고 언론 등에서 인터뷰를 할 때면 정신장애인분들과 함께 일할 때 뭐가 가장 힘드냐는 질문을 자주 받는데 되돌아보면 나를 정말 속 썩였던 건 정신장애인 당사자가 아닌 다른 직원들이었다.

어느 직장이나 사람 간의 갈등이나 문제가 생긴다. 정신장애인이 일으키는 문제가 독특할 수는 있어도 중재하고 해결하기는 어렵지 않았다. 오히려 정신장애인이 아닌 직원들과의 갈등을 중재하는 게 더 어려웠다. 정신장애인이건 비장애인이건 어쨌든 사람들이 모이면 문제는 늘 발생하기 마련이다. 이렇게 생각하면 사실 간단하다. 정신장애가 있는 직원이라고 해서 특별히 더 힘든 건 아니었다.

'우리동네'를 하며 늘 재정적인 어려움에 부딪혔다. 누군가는 내가 재정 상태에 대해 안일한 태도를 보이기 때문이라고 말한다. 가족, 동료, 친구 등 많은 사람에게 후원과 지원을 받았고 여전히 내게는 상당한 빚이 남아 있다. 하지만 지금까지 우리가 들인 돈과 노력이 한 번도 아깝다는 생각을 해본 적은 없다. '우리동네'를 하면서 내가 돈보다 더 걱정한 것은 내가 '우리동네의 안병은'이 아닌 '안병은의 우리동네'가 되면 어쩌지 하는 생각이었다.

이청준의 소설 『당신들의 천국』에서 정과리 씨가 쓴 해설의 제목은 「모범적 통치에서 상호 인정으로, 상호 인정에서 하나됨」이다. 이 제목을 보고 난 늘 생각했다. 지금의 나는 어느 단계에 와 있는 것일까. 모범적인 통치나 하고 있었던 것은 아닐까. 나와 정신장애가 있는 직원 그리고 이들을 돕는 직원들은 서로를 인정했을까. 서로를 인정하는 것을 넘어서 하나가 되어가고 있는 것일까. '우리동네'는 진정한 우리동네가 될 수 있을까. 종국에는 나라는 사람이 사라지고 '우리동네' 안에서 하나가 될 수 있을까.

치기 어린 마음으로 시작했던 일이 지금까지 이어지고 있다. 현재 사회적 기업 '우리동네'에는 열 분 정도가 일하고 계신다. 그동안 떠난 사람도 있다. 처음 이 일을 시작할 때 10억을 투자해서 열 분 정도의 삶이 달라진다면 충분히 의미 있는 일이라고 생각했다. 많은 숫자는 아니지만 몇 명이라도 그들의 삶에 의미를 더하고 싶은 바람이었다. 되짚어보면 여전히 많은 분이 '우리동네'와 함께하고 있다. '우리동네커피집' 가맹점을 운영하던 사장님은 떡집을 새로 내면서 '우리동네커피집'에서 일하던 당사자 직원을 데려갔다. 다른 일을 해보고 싶다며 두세 번 카페를 떠났다가 되돌아온 직원이었는데 지금은 정말로 떠나버렸다. 그는 지금 떡집에서 가장 신뢰하는 직원으로서 여러 책임을 맡고 있다.

이제는 실패하고 싶지도 울고 싶지도 않다. 누군가 나와 비슷한 일을 하려 한다면 발 벗고 나서서 도와주고 싶다.

사실 지금의 마음으로는 또다시 이런 일을 벌일 수 있을지 모르겠다. 빚을 다 갚는다면 다시 생각해볼 수 있으려나. 나는 '우리동네'라는 이름으로 정신장애인과 함께 더불어 살아가는 공동체를 꿈꿨다.

나는 여전히 '우리동네'에 살고 있다. 주변에서 망한 가게의 전화번호를 쓰지 말라고 만류했지만, 나는 세탁 공장을 잊을 수 없어 그 전화번호를 병원 전화번호로 사용하고 있다. 운동화 빨래방이 망한 뒤에는 한동안 근처에도 가지 못했지만 지금은 아들이 그 앞의 초등학교에 다니고 있다. 우리 집은 그 근처에 있다. 이제는 실패하고 싶지 않지만 분명 좋은 실패였다. 앞으로도 이영준 대표님 같은 사람들이 많이 생겨나고 이분들이 중심이 될 수 있도록 돕는 게 내 역할인 것 같다.

'우리동네'는 끝나지 않은 도전이다. 지금까지의 경험을 바탕으로 정신질환으로 아픈 사람들이 보다 더 다양한 선택을 할 수 있도록 좋은 치료를 개발하고 보급하고자 한다. 또한 정신병원, 정신건강센터, 행정복지센터를 비롯해 노숙인 시설, 교정시설, 학교 등과 함께 연대할 수 있는 체계를 구축해나갈 것이다. 정신질환을 앓고 있는 사람들이 자신들의 목소리를 키우고 지역사회에서 활동할 수 있는 기회들을 만들어갈 것이다. 시민들을 위한 강연을 마련해 사회 인식을 개선하기 위한 교육도 이어 나가려고 한다. 자리를 잃어가는 정신질환자라는 문제의식을 담은 다큐멘터리도 제작하고 있다.

나는 문화운동을 통해 정신질환에 대해 제대로 알리고, 정신질환을 앓고 있는 사람들 스스로가 자신들의 자리를 지킬 수 있도록 돕고 싶다. 아직은 생각에 머물고 있지만 이러한 문화운동을 위한 거점으로 자그마한 독립서점을 만들고자 한다. 이곳은 정신건강전문가나 당사자를 비롯한 일반 대중 모두에게 열려 있는 공간이 될 것이다. 당사자들이 발언할 수 있는 자리이자 모두가 모여 소통할 수 있는 장일 것이다. 교육과 세미나가 끊임없이 열리고 더 나은 사회를 만들기 위한 사람들이 모여 꿈을 키워나가는 장소가 될 것이다. 앞으로 '우리동네'가 이러한 길을 걸었으면 한다.

이 글을 쓰며 난 사회적 기업 '우리동네'의 과거를 떠올리는 게 참 어려웠다. 문득 그동안 잊고 지냈다는 생각이 들었다. 신께기는 근께기 아른서러 나노 모르게 무의식 속에 밀어넣으려고 했을까. 하지만 이번에 되돌아보면서 '우리동네'가 결코 과거에 머물러 있지 않다는 것을 알았다. 과거이자 현재이며 무엇보다 미래다. 나는 시작할 때처럼 이 질문을 반복해야 한다.

내가 꿈꾸는 '우리동네'는 무엇일까? 마음이 아픈 사람과 같이 고민을 나누고 더불어 살아가는 공동체다. 내가 사회적 기업을 만든 이유는 단순히 직장이나 일자리를 만들고 싶었기 때문은 아니었다. 따라서 앞으로 '우리동네'가 구현되는 모습은 이전과 다를지라도 그 의미는 여전히 같을 것이다. 나는 '우리동네'라는 이름 안에서 모두가 하나되길 바란다. 정신질환자를 얽매는 편견과 낙인 없이 한데 어울릴 수 있는 공간이 되길 바란다.

'우리동네'는 아플 때 숨기지 않고 누구나 아프다고 말할 수 있는 곳이어야 한다. 이런 공동체가 '우리동네'가 되길 바라고, 나아가 사회 전체가 '우리동네'가 되길 바란다.

# 실천적 연대를 위한 시간

·추천하는 글

이영문·국립정신건강센터장

## 행동하는 의사

안병은과 나, 우리의 만남을 어디서부터 이야기해야 할까. 마치 1970년대 에릭 시걸Erich Segal, 1937-2010의 명작 『러브 스토리』Love Story의 첫 문장과도 같다.

"세상의 모든 것은 서로 긴밀하게 연결되어 있다."* 그와 나와의 만남 또한 우연을 가장한 필연으로 시작했다.

2000년대 초반 정신장애인에 대한 치료공동체와 탈수용화 실현이 가장 큰 목표였을 때, 어느 학회에서 제자의 소개로 안병은을 처음 만났다. 지역정신보건 공부를 해보고 싶다는 그의 의지는 무척 강하면서도 진정성이 느껴졌

* 에릭 시걸, 김성렬 옮김, 『러브 스토리』, 범우사, 2005.

다. 이미 그는 환경치료와 치료공동체에 대한 공부를 깊게 한 후였고, 재활치료와 관련해 많은 학회에도 참가하고 있었다.

당시 만성 정신장애인에 대한 수용적 태도가 못내 아쉬웠던 그는 새로운 프로그램을 만들어 동료들과 실천하고 있었다. 그는 프로그램의 효과에 대한 나름의 자신감이 있었지만 책에서 배운 치료공동체의 방법론을 두고 고민을 많이 했다. 그가 태어나고 살았던 충청도에는 치료공동체 프로그램이 없었기에 그 방법론을 확신할 수 없었던 것이다.

그러나 그는 머리로만 생각하는 의사가 아니었다. 지역사회에서의 돌봄이 가장 이상적인 치료라고 생각한 그는 과감하게 자신과 가족의 생활터전을 수원으로 옮기려는 꿈을 꾸게 된다. 이 과정에서 가족의 절대적인 믿음이 그의 실천을 가능하게 했다. 몇 년이 지나 정신과 전문의가 된 뒤, 그는 수원으로 올라왔고 아주대학교 병원에서 전임의 생활을 시작했다.

## 마음보다 먼저 움직이는 그의 손과 발

낯선 곳은 익명이 더 보장된다. 현대인들이 숨어 살기 가장 좋은 곳은 도시다. 모든 것이 공동체의 운명처럼 돌아가야 하는 한적한 시골풍경 속에는 더 이상 숨을 곳이 없다. 그러나 그는 수원이라는 낯선 도시 한복판에서도 숨지 않고 자신의 목소리를 내기 시작했다. 그는 풀처럼 먼저 쓰러졌지만, 바람보다 먼저 일어났다. 직업재활을 실천하던 몇 가지 초기 모형에서 실패와 좌절을 맛봤지만 그것이 그에게는 큰 문제가 되지 않았다.

수원시 정신건강센터와 자살예방센터는 그런 그에게 많은 것을 실천해줄 수 있는 깊은 심연으로 작동되었다. 그는 지행합일의 정신에 따라 일단 알게 된 것을 행하지 않는 법이 없었다. 유럽의 길타운, 미국 위스콘신의 지역사회 치료모형, 이탈리아의 정신보건혁명 등 모든 현장을 다녔다. 대전의 목회자들과는 해외 의료 지원 목적의 사단법인을 만들었고, 정신보건전문가들과는 협동조합을 운영했다.

한편, 그의 행보가 정신보건 영역에만 머문 것은 아니었다. 농업경영을 배운 뒤에는 네덜란드에 다녀오고 에코팜 Eco-farm을 정신건강 영역에 접목했다. 어쩌면 무모하기도 하고 산만하게도 보였지만, 그는 단순한 지적 호기심에서 일을 저지른 게 아니었다. 모든 것이 연결되어 있었다. 단지 마음보다 손과 발이 먼저 움직였을 뿐이다. 그는 동물적인 본능을 발휘해 일의 연속성을 찾아가고 그 길에 매진한다.

나에게 그가 무언가를 물을 때면, 그 일은 이미 진행되고 있다고 생각해야 한다. 그가 나에게 기대하는 답은 늘 정해져 있다. 내가 무슨 말을 하건 그는 이미 예전에 우리가 얘기한 것인데, 내가 게을러 안 하고 있는 일을 자신이 한다는 식이다. 그의 놀랄 만큼 발 빠른 실천력을 나는 뒷자리에서 늘 지켜볼 뿐이다.


## 관찰보다는 애정이 중요하다

언제나 그의 말은 옳다. 그렇지만 그 올바름에 도달하는 길은 늘 험난하다. 왜냐하면 자세히 관찰하기보다 그는 사물이나 대상을 먼저 사랑해버리기 때문이다. 그러다 보니 배신당하는 일이 때때로 일어난다. 조금이라도 자신들의 마음에 서운함이 들면 그를 쉽게 비난하고 떠나버리는 사람들이 있다. 물론 다시 돌아와 함께 일하기도 하지만 매번 그에게 남는 것은 사람들이 할퀴고 간 상처들이다. 상처가 꼭 나쁜 것만은 아니다. 상처를 받음으로써 그는 청소년 내담자들의 마음을 기민하게 알아차리는 능력이 생겼다. 또한 괴짜였던 어린 시절의 경험은 오히려 치료적인 깨달음을 주는 자양분이 되었다. 아니 자양분으로 스스로를 키운 것이다. 그에게 청년의 열정과 더불어 무모함이 동시에 느껴지는 것은 이러한 모순의 결과다.

이 세상에 모든 것이 쉽게 해결될 수 있는 환자는 없다. 그러나 그의 병원에는 유달리 리스크가 높은 환자들이 몰린다. 아마도 다른 곳에서 치료적 난이도에 의해 선별되어 보내진 사람들일 것이다. 지금껏 한 번도 애정을 받지 못한 내담자들에게 그의 무모한 애정 표현은 낯설지만 분명 존중받는 일이 될 것이다. 관찰보다 애정을 먼저 행하는 정신과의사를 만나는 일은 그리 흔한 일이 아니다.

그는 한국과 캄보디아를 오가며 지속적으로 두 나라의 정신장애인을 사랑하고 있다. 그에게 외국이라는 물리적 환경은 그다지 중요하지 않을 것이다. 정신질환을 앓는 당사자를 면담할 때, 그에게 질병을 앓아온 시간은 별 의미를 갖지 못한다. 그는 시간에 상관없이 모든 환자의 치료 시기가 늦었다고 생각하지 않는다. 따라서 그를 만나는 환자들은 그에게서 치료가 늦었다는 말을 듣지 않을 것이고 낙담하는 일도 없을 것이다.

언제 어디서 오는 내담자이든 그는 열정을 가지고 그들을 포기하지 않는다. 아마도 그가 일하는 병원을 알지 못해서 방문하지 못한 사람은 있어도 치료가 이미 늦었다고 거부당하는 환자는 없을 것이다.


## 새로운 꿈을 함께 꾸는 사람들

안병은에게는 늘 땀 냄새가 난다. 가만히 앉아서 머리로 생각하는 것을 죽어도 싫다고 고집피우니 늘 밖으로 돌아다닐 수밖에 도리가 없다. 그러나 시간이 지나보면 우리는 안다. 그는 우리가 생각하는 것보다 훨씬 빠르게 뛰면서 혼자 생각하고 또 생각한다.

그가 만든 연대의 틀은 이미 10년의 세월을 견디고 있으며, 세 명의 동료 전문의들은 실천적 연대를 위해 수시로 자리를 비우는 그의 빈자리를 말없이 메우고 있다. 지역의 다른 전문가들과의 연대도 탄탄하다. 솔직하고 진정성 있는 그의 행동은 오랫동안 함께한 사람들의 마음을 움직여 왔고, 오늘도 새로운 꿈을 함께 꾸고 있다.

실천적 연대는 결코 종이 위의 그럴듯한 말이 아니다. 더욱이 관념의 틀에 갇힌 철학적 도구도 아니다. 함께 일하는 동료들과 내담자들을 모두 동일하게 존중하고 함부로 대하지 않는 것을 실천하는 것이다. 신영복 선생의 글귀가 그의 병원에서 유독 더 빛나는 이유를 우리는 이 책을 읽어보면서 하나씩 알게 될 것이다.

나는 오늘도 실의에 잠겨 고개를 숙인 채 그의 병원 문을 열어젖힌 내담자가 희망을 재부팅한 밝은 얼굴로 돌아가는 상상을 해본다. 또한 문턱이 지나치게 높고 편견과 혐오로 가득한 정신과 병원의 문을 박차고 나올 수많은 당사자가 지역사회에서 살아가는 상상을 해본다. 어디서든 희망이 보이지 않는 곳에 서 있는 이들이 그의 존재를 알아채고 꼭 만나보기를 기대해본다. 결코 어떤 내담자도 쉽게 포기하지 않는 의사를 그래도 일생에 한 번쯤은 만

나봐야 하지 않겠는가.

신영복 선생의 글을 다시 한번 읽으면서 나는 오늘도 산을 오르듯 하루하루를 성실하게 살아가는 그를 먼발치에서 바라본다. 남은 세월 동안 그와 나의 관계 또한 입장의 동일함을 실천해가는 시간일 것이다. 그리고 이 시간은 인간의 소소함이 어떻게 일상의 위대함으로 바뀌어가는지를 느끼는 한 가지 사건으로 우리를 매듭지을 것이다.

머리 좋은 것이 마음 좋은 것만 못하고
마음 좋은 것이 손 좋은 것만 못하고
손 좋은 것이 발 좋은 것만 못한 법입니다.
관찰觀察보다는 애정愛情이, 애정보다는 실천적 연대連帶가
실천적 연대보다는 입장立場의 동일함이 더욱 중요합니다.
입장의 동일함. 그것은 관계의 최고형태입니다.*

* 신영복, 『감옥으로부터의 사색』, 돌베개, 2018.

정신과의사

## 안병은
## 에세이

정신과의사 안병은 에세이

# 마음이 아파도 아프다고 말할 수 있는 세상

지은이 안병은
펴낸이 김언호

펴낸곳 (주)도서출판 한길사
등록 1976년 12월 24일 제74호
주소 10881 경기도 파주시 광인사길 37
홈페이지 www.hangilsa.co.kr
전자우편 hangilsa@hangilsa.co.kr
전화 031-955-2000~3 팩스 031-955-2005

부사장 박관순 총괄이사 김서영 관리이사 곽명호
영업이사 이경호 경영이사 김관영 편집주간 백은숙
편집 박희진 노유연 최현경 강성욱 이한민 김영길
관리 이주환 문주상 이희문 원선아 이진아 마케팅 정아린
디자인 창포 031-955-2097
인쇄 예림 제본 예림바인딩

제1판 제1쇄 2020년 11월 19일
제1판 제4쇄 2022년  4월 25일

값 17,000원
ISBN 978-89-356-6345-3 03180